FORASTERO EN JERUSALÉN

FORASTERO EN JERUSALÉN

Joseph Danschin

GRATITUD

Agradezco la adquisición de este libro. Con su compra te haces parte de un noble propósito. Así, tú y yo podremos ayudar a las misiones cristianas de Centro, Suramérica y el Caribe.

Me gustaría conocer el concepto de esta obra después que lo leas. Agradeceré que dejes un comentario en Amazon. De hecho, tu opinión es importante y aporta motivación para seguir trabajando en la literatura cristiana.

Gracias por conceder tu precioso tiempo.

¡Bendiciones!

.

SUMARIO

RECONOCIMIENTOS

A mis guías espirituales, Juan Eduardo Pérez y Ana Victoria Pérez, por cobijar mi formación cristiana.

A mi esposa y fiel compañera, Adelita, quien en todo momento me apoya y anima en mis proyectos.

A Yanira Montanari, por corroborar con acertadas observaciones y consultas.

Con respecto a la información obtenida para esta obra, doy fe de haber sido informado por medio de prédicas, bosquejos e ideas, por cuanto ofrezco el reconocimiento apropiado, capítulo por capítulo, en las notas al final del libro.

PREFACIO

ERUSALÉN, ciudad de David, la ciudad amada por Dios.
Dentro de sus muros y en sus contornos se pudieran contar cientos y miles de testimonios de lo que el eterno viajero hizo, hace y hará. Todos tenemos un Emaús donde Jesús nos salió al encuentro en el camino.

Forastero en Jerusalén es una historia inspiradora salida de la prolífica mano de nuestro hermano Joseph.

Con un contenido y variado vocabulario, nos narra con todo lujo de detalles un incidente que con frecuencia pasamos por alto, pero que es en gran manera revelador del amor y gracia de Cristo que nos acompaña en el camino.

Recomiendo su lectura. Te va a inspirar y bendecir como lo hizo conmigo.

Una vez más, gracias, Joseph.

J. Eduardo Pérez

PASTOR PRINCIPAL DE LA IGLESIA CRISTIANA
LA GLORIA DE DIOS INTERNACIONAL

INTRODUCCIÓN

A quien aún no ha conocido a Jesucristo le diré que esta es la mejor oportunidad de hacerlo, pues podría cambiar el curso de su vida como cambió la mía, y pasar de ese caminar rutinario a uno que guía los pasos en el camino correcto. Cuando no estamos bien orientados en el diario caminar se dificulta tomar decisiones y es cuando la tendencia a cerrar nuestros ojos impide ver en el horizonte que hay un plan de Dios.

En estos tiempos, más que nunca necesitamos de ese norte que nos guíe al propósito de por qué estamos en esta vida. Si aún no lo conoces, entonces vivir por vivir no tiene ningún sentido, porque todo absolutamente, desde el cielo a la tierra, visible e invisible, comenzó en Él y para los planes de Él. Es tan simple como que existimos por su voluntad y para que se lleven a cabo sus planes.

Desde antes de la venida de Jesucristo, las promesas lo anuncian, los acontecimientos lo preparan, en torno a su vida suscitan personajes, hechos se expresan acerca de Él y se describen evento por evento por los hombres inspirados de Dios. Ubicado entre los dos Testamentos, Jesucristo es el punto céntrico al cual van a converger todos los siglos que preceden a su venida como Redentor, y del cual parten todos los siglos que precederán a su advenimiento como Juez.

La trayectoria del Mesías está llena de enseñanzas. De hecho, llevó una vida perfecta; su historia no es común, está llena de buenas nuevas.

Vino para guiarnos, para acompañarnos; el eterno viajero camina aún a nuestro lado. Lo hace por amor, siempre al lado de sus discípulos.

Toda su trayectoria desde antes de su venida converge en una incomparable armonía, desde el Antiguo hasta el Nuevo Testamento, siguiendo así el hilo narrativo a través de las Sagradas Escrituras. Desde el Génesis hasta el Apocalipsis fue revelado por medio de pasajes proféticos y que se cumplieron de manera pertinente en el Nuevo Pacto.

Conocer de Cristo enriquece el espíritu y hace crecer más en la fe. Su doctrina llena de buenas noticias es el aliento de esperanza. Todo lo mejor que una persona podría alcanzar en la vida es predicado en el Evangelio de Jesucristo.

Todos los seguidores de su doctrina cristiana saben que el concepto pleno del Maestro Jesús es el conducto supremo a través del cual se alcanza salvación, santificación y redención. De manera que, cuando se conoce más de él, somos atraídos con lazos de amor, capturados por su gloria y conformados a su imagen.

Es de lamentar que una gran parte de la humanidad, incluso creyentes, solo conoce una perspectiva del Mesías de Nazaret. Esto afecta en alguna manera cómo vemos a Dios, al mundo, incluso a nosotros mismos, por desconocer o ignorar la completa perspectiva del Salvador.

Con frecuencia no reconocemos al Rabí, le llamamos forastero cada vez que nos alcanza en el camino de nuestro Emaús. Al igual que sus discípulos, olvidamos todo lo que hubo de acontecer. Él mismo lo había anunciado, predicho en los acontecimientos en el Antiguo Pacto. Pero otra es la visión y el concepto que debe ser cambiado para siempre. Por desconocer a Jesucristo, su historia es la más incomprendida de la vida.

Te invito a que me acompañes en esta obra, *Forastero en Jerusalén*, para conocer el verdadero propósito de tu vida. Recuerda que no se trata de uno mismo, sino de su voluntad para sus planes; no olvides que en sus manos están nuestras vidas; en su Plan misericordioso del Cordero inmolado, el único medio a la vida eterna.

Capítulo I

EL COMPAÑERO CONSTANTE

Es posible que esta historia sea considerada como una de las más impactantes contenidas en el compendio del Nuevo Testamento. Se sabe que el Libro Sagrado está enriquecido con sorprendentes y hermosas historias. Está claro que el inspirador principal es el Espíritu Santo, quien inspira a los escritores para ofrecer testimonio de fe a través de las narraciones.

El apóstol Lucas fue uno de los inspirados evangelistas, autor del tercer evangelio y de los Hechos de los Apóstoles. Existen detalles escasos sobre su biografía, pero según la tradición, supone que nació en Siria, oriundo de Antioquia, tal parece haber nacido en la ciudad de Filipo o, al menos, en Macedonia. Son muy limitados los datos personales que se pueden recopilar, más se conoce de él por los textos escritos por Pablo.

Se sabe por referidos en las epístolas paulinas que fue discípulo del apóstol Pablo, quien se refiere a él como su ayudante e iluminador. Acompañó a Pablo a lo largo de toda su vida, se dedicó a la enseñanza y a la predicación. Al menos, las primeras referencias a su persona están improntas en muchas páginas epistolares; se le cita como colaborador y como querido médico.

Además de poseer conocimientos en medicina, recibió el don de aportar en la Santa Biblia con los evangelios que se identifican con la autoría de su nombre. La tradición lo considera médico de profesión, así como dotado para la pintura; sin embargo, probablemente tal informe no es sino la transposición al campo pictórico del arte con el que Lucas supo describir los personajes en sus textos. Al menos me induce a imaginar, cada vez que los repaso, que se trata de pinceladas pictóricas que cobran vida, invitando así a ser partícipe en cada descripción.

Lucas se excluye a sí mismo de las personas que fueron testigos directos de Cristo. Pero interesado por la verdad histórica cristiana, produjo en su evangelio los sucesos que había oído directamente de los apóstoles y discípulos de Jesús.

En una porción de su evangelio cita:

«Según nos lo transmitieron los que fueron desde el principio testigos oculares y luego servidores de la palabra, también yo, después de haber investigado con exactitud todos esos sucesos desde su origen, me he determinado a escribírtelos ordenadamente...» (Lucas 1:2,3).

Estos datos corresponden a la manera biográfica; en otras versiones bíblicas se escribe de diferente manera, pero el consenso expresa lo mismo.

Doy gracias a Dios por la vida de Lucas, porque de su prosa, muy exquisita, denoto una alta educación académica, pues se puede adjudicar a la más literaria de los autores del Nuevo Testamento. Desde luego, escrito en griego, su evangelio relata la predicación y los hechos de Jesús de Nazaret.

Pablo lo considera como el compañero constante. En las escrituras se percibe acompañando a Pablo en su segunda misión, en el viaje que este hizo de Troas a Filipo. Después de permanecer en aquella ciudad por el espacio de unos seis años, volvió a acompañar a Pablo en un viaje a Jerusalén y, nuevamente, cuando Pablo fue conducido prisionero a Roma, en las vísperas de su martirio, mencionó: *«Solo Lucas está conmigo»* (Timoteo 4:11).

Lucas expone una excelente descripción. Así impronta queda en páginas del evangelio una historia que se hace vigente en todo tiempo, conduciendo a la reflexión, sobre todo en el capítulo 24, que abarca desde el verso 13 al 33, titulada *En el camino a Emaús*.

El relato trata de dos individuos que no supieron reconocer a su maestro. Se supone era el líder, a quien llamaban *el amado Jesús*, con quien anduvieron por tres años, aun cuando habían estado cerca de Él en varias ocasiones y habían creído de corazón en sus enseñanzas hasta convertirse en asiduos seguidores.

La experiencia vivida de esta historia capta la atención. Aun hasta el fin del tiempo es posible que hagamos de Cristo nuestro compañero constante, pues es el mismo calificativo que Pablo mencionó a Lucas.

Entre tanto, en la actualidad que nos toca vivir, caminando día a día hasta el final, hagamos un recuento mirando hacia atrás por lo menos los últimos doce meses, y tratemos de respondernos si hemos mantenido a Jesús de nuestro lado.

El hacer de Jesús nuestro compañero constante es tal vez el hecho más importante que pueden hacer en estos últimos tiempos.

Ubíquense en las sandalias de aquellos discípulos de Jesús. Ellos estaban absolutamente devastados con la crucifixión. Tenían las más altas expectativas, especialmente después de la entrada triunfal una semana antes. Imaginen el entusiasmo y el poder de aquel momento.

«Ahí está Jesús, listo para proclamarse Rey a sí mismo. He aquí un hombre con poderes sobrenaturales. Él puede alimentar a las multitudes, puede transformar el agua en vino, puede sanar a los enfermos, hasta puede resucitar a los muertos. La esperanza está en todas partes. He aquí aquel que podía darle a Israel el éxito terrenal. Hasta dijo que el Reino de los cielos estaba al alcance de la mano. Si había un cielo, ese era Israel», pensaban ellos.

Pero todas sus esperanzas se desvanecieron. Su desilusión fue enorme. Sus corazones estaban destrozados. En vez de proclamarse rey a sí mismo, Jesús había permitido que lo tomasen prisionero, que lo ataran y que lo golpearan. Llevado de un juez inicuo a otro. Fue herido, cortado, mofado, golpeado, y eventualmente castigado por cosas que Él no hizo. En una de aquellas crueles cruces terminó su vida, con las cuales los romanos habían adquirido más fama y poder.

Los discípulos no habían entendido que todo el propósito del plan de salvación era que Jesús, el Hijo de Dios, se culpase de cosas que Él no había cometido, de vuestros pecados y los míos, de los que ya verdaderamente nos hemos arrepentido.

Allá, en esa cruz, fueron colgadas nuestras faltas, quebrantadoras de la ley de Dios. Los discípulos no entendieron eso. Ellos aún pensaban en forma terrenal, mientras Jesús estaba hablando de eventos celestiales.

Ahora, después del Sábado —narra la historia—, la aplastante derrota del Viernes permanecía especialmente en sus mentes. Había pasado la Pascua, la peor Pascua que jamás hubieran podido experimentar. Dos de los discípulos de Jesús decidieron irse a su casa, al pueblito de Emaús, que estaba a unos once kilómetros de Jerusalén. Este viaje les habría tomado dos o tres horas.

Cleofás y su compañero no eran de los doce discípulos más allegados, pero ciertamente eran ardientes seguidores de Jesús y lo amaban profundamente. Tal vez hasta habían presenciado la cruenta crucifixión de Jesús, y entonces permanecieron en Jerusalén durante el Sábado sufriendo la pérdida de su amado Señor.

Siendo ya la tarde del Domingo, finalmente se dirigían a su casa, tristes, desilusionados y desanimados. Tal vez tenían algunas obligaciones que cumplir el Lunes por la mañana, y por eso no podían permanecer en Jerusalén. Ellos tenían que volver a casa, continuar con sus vidas y trabajar.

En un par de horas se traducía una larga caminata hasta Emaús y habría sido una muy buena oportunidad para repasar las grandes bendiciones que Cristo les había traído y la promesa de que iba a ser resucitado.

Pero esto no resultó así. Estaban desanimados, profundamente desilusionados, y sus corazones estaban apesadumbrados al emprender tristemente su viaje hacia Emaús. Lo que había sucedido en Jerusalén el Viernes les había afectado gravemente, hasta el punto de confundirlos.

Su esperanzado Señor les había sido quitado; la pena profunda se disponía a ataviarlos de luto. Ellos no habían entendido sus palabras de seguridad, de que la crucifixión era parte del plan de salvación para la humanidad. La entrega de su vida por el rescate de todos los que estaban perdidos.

Habían oído que alguien había tomado el cuerpo de Cristo de la tumba prestada por José de Arimatea y escucharon de las mujeres que dijeron haber visto ángeles y que habían dicho que se encontraron con Jesús.

Pero ellos estaban completamente descorazonados porque esperaban algo totalmente diferente. También estaban avergonzados. Después de todo, ellos orgullosamente habían sugerido a otros que Jesús era el Cristo, y que Él restauraría la prosperidad temporal de Israel.

Ahora todos iban a ridiculizarlos por creer una mentira y por haber sido engañados por otro impostor. «*¿Y ahora? ¿Qué haremos ahora?*», seguramente se preguntaron. Puedo insinuar en sus pensamientos: «*Confiábamos en que iba a ser Él quien redimiera a Israel. ¿Cómo puede ser que nos haya fallado?*».

¿Se han sentido alguna vez así? ¿Han pensado alguna vez que Dios les ha fallado, que los han abandonado?

¿Han llegado a pensar, alguna vez, que no tienen a nadie en quién confiar? Tal vez este mensaje sea especialmente para ustedes como lo fue para mi persona, porque esa era la manera en que ellos se sentían en algunas ocasiones ante afrentas del diario vivir; me he sentido igual. «*¡Señor mío!, ¿por qué no me proteges? ¡Necesito tu ayuda!*», he rogado sin percatarme de que Él está a mi lado.

Generalmente nos desilusionamos porque tenemos expectativas irreales con respecto a otros, y cuando estas no se cumplen, pensamos que nos han fallado. Esto sucede a menudo entre seres humanos, pero también puede suceder en nuestra experiencia con Dios.

Tal vez, al igual que con estos discípulos, esperamos que Dios haga algo por nosotros, y Él no lo hace o hace exactamente lo opuesto. Nuestras esperanzas se ven desanimadas y decepcionadas, por cuanto nuestras ambiciones se desvanecen y culpamos a Dios. Ni siquiera sospechamos que, al decepcionarnos, Dios ha hecho justamente lo que es más conveniente para nosotros.

Poco entendían estos discípulos que Jesús, ahora nombrado Cristo, había abierto una fuente inagotable de perdón, brotada de amor y de salvación, la cual no podría ser detenida. Ellos pensaron que su ministerio había llegado a su culminación.

Cleofás y su amigo estaban volviendo a casa exasperados, quizá más tarde organizarían sus pensamientos y así encontrarían alguna amalgama de respuestas que responderían a la decepción, dolor y desilusión que sentían en ese momento.

Posiblemente querían esconderse de todos los ojos mofadores. Quizás querían evitar las miradas acusadoras de aquellos que recientemente habían sabido que eran seguidores de Jesús. Lo cierto era que estaban desanimados, y ahora tenían que recorrer ese difícil camino, áspero, pedregoso y polvoriento, de retorno hacia Emaús.

¿No es así como sucede a menudo en nuestras vidas? Cuando estamos desilusionados o desanimados, el camino parece áspero y difícil. Es mucho más fácil cuando estamos sin preocupaciones y contentos. La pena y el desánimo, en cambio, hacen que la vida sea ardua, menos llevadera.

A medida que sus sandalias empolvadas marchaban sobre las ásperas piedras del camino, ellos hablaban del difícil acontecimiento que habían experimentado en Jerusalén. Hablaban del juicio y de la crucifixión de Cristo, y de cómo sus expectativas fueron destruidas. A medida que lo hacían, su desánimo aumentaba. Sin esperanza ni fe, caminaban en la sombra de la cruz. Por cierto, de esta manera percibo lo descrito, basado en los evangelios de Lucas.

Retomando en el camino a Emaús, de pronto se les unió un extraño. Ellos no le prestaron mucha atención. Supusieron que tan solo era otro peregrino de paso que se dirigía a casa después de la fiesta de la Pascua. La desilusión era lo único que prevalecía en sus pensamientos. El horrendo desenlace de los eventos fue tan abrumador que ellos expresaron abiertamente su pena y su desaliento y falta de fe a este extraño forastero.

Ellos sacaban conjeturas para entender cómo un hombre con tales poderes y con ese amor incomparable podía permitir que fuese humillado de esa manera. ¿Cómo podía Él ser el Cristo? Cristo les había enseñado muchas lecciones maravillosas, ¿pero de qué les servían ahora?

La Escritura (Lucas 24:16) refiere: «*Mas los ojos de ellos estaban velados para que no le conociesen*». El desánimo reduce la capacidad para pensar claramente. Uno no consigue ser objetivo porque oscurece los sentidos y hace que uno no perciba las cosas importantes. El desánimo nos impide vencer las dificultades y nos lleva a continuar la monotonía.

La preocupación inhibida impide que los pensamientos se clarifiquen de manera altruista en la mente y no se consigue encontrar el camino de salida.

Al ver a Cristo pensaron que era uno más de los muchos extraños que andaba de paso por el camino.

Cleofás y su compañero no mencionado llegaron a amar demasiado a Jesús, y Él no estaba más con ellos para seguir amándolos. Lágrimas caían por sus rostros y se les hacía difícil ver por dónde iban. Ellos caminaban con dificultad y tropezaban, llevando su pesada y penosa carga emocional.

Por supuesto que Cristo tuvo compasión de ellos. Él quería animarlos, conocía el motivo de sus congojas. Compárese esta situación como si la luz hubiese desaparecido; estaban totalmente descorazonados. Pero Él sabía que, si se les revelaba en ese momento, se pondrían tan contentos que iban a perder las más importantes lecciones que tenían que aprender: cómo entender las profecías de la Biblia y la misión de Cristo. A veces el desánimo no impide vencer las dificultades y no lleva a continuar la monotonía.

Lucas 24:17 nos describe las palabras que Jesús habló. Y les dijo: «*¿Qué pláticas son estas que tenéis entre vosotros mientras camináis, y por qué estáis tristes?*». Respondiendo uno de ellos, que se llamaba Cleofás, le dijo: «*¿Eres tú el único forastero en Jerusalén que no has sabido las cosas que en ella han acontecido en estos días?*». Pensaban que era algo inconcebible que este simple hombre, que aparentemente venía de Jerusalén, ignorara los dramáticos y culminantes eventos que habían suscitado la atención y que habían conmovido a toda Jerusalén en los últimos días. Esto deberían saberlo todos los que estuvieron en Jerusalén durante el fin de semana. ¿Cómo podía este forastero estar tan desinformado? Después de todo, lo que los líderes sacerdotales le habían hecho a Jesús estaba en boca pública, todos tenían conocimiento.

«Este hombre —respondieron ellos—, que era un poderoso profeta, en acciones y en palabras delante de Dios, como de todo el pueblo, los principales sacerdotes y nuestros gobernantes lo entregaron para que fuese condenado a muerte, y lo han crucificado».

Ellos entendían claramente que fueron los líderes religiosos los que lo condenaron y los que lo crucificaron, no los romanos. Ellos entendieron que era un asunto de política interna lo que había motivado las acusaciones contra Cristo. Los líderes fariseos no podían tolerar a alguien que no los apoyara en sus enseñanzas y en sus obras, de acuerdo con los planes bajo su aprobación.

Entonces, expresaron la verdadera carga de sus corazones: «Nosotros confiábamos que iba a ser Él quien redimiera a Israel». Ellos pensaban que iba a quebrar el yugo del Gobierno romano sobre Israel; esperaban que Él establecería un reino terrenal eterno, y ahora había sido quitado de entre ellos.

Se suponía que tenía el poder para detenerlos, pero permitió ser maltratado y destruido, y nuevamente la insinuación: «Nosotros confiábamos —dijeron ellos—, porque creíamos en Él. Era nuestro profeta. Nosotros confiábamos —dijeron—, pero ahora, todas nuestras esperanzas han sido destruidas. Nosotros confiábamos», dijeron repetidamente, pero para que entendamos, confiaban emocionalmente en la carne para afuera, mas no así en el espíritu como debía ser, por cuanto el derrame de desilusión invadía sus corazones infortunados.

«¿Podría ser que estábamos equivocados? ¿Podría ser que pusimos nuestra confianza en el lugar equivocado? Nosotros estábamos convencidos de que Él era más que un profeta, pero debido a lo que sucedió, ya no estamos tan seguros».

«Pero confiábamos en que iba a ser Él quien iba a redimir a Israel...». Obviamente, ellos pensaban que eso significaba la liberación de los romanos.

Se había perdido toda esperanza pese a circular rumores de que Cristo había resucitado de la tumba. He aquí lo que ellos dijeron:

> «Aunque también nos han asombrado unas mujeres de entre nosotros, las que antes del día fueron al sepulcro, y como no hallaron su cuerpo, vinieron diciendo que también habían visto visión de ángeles, quienes dijeron que él vive».
>
> «Y fueron algunos de los nuestros al sepulcro, y hallaron así como las mujeres habían dicho, pero a Él no lo vieron». (Lucas 24:22,24).

Así, algunas de las mujeres de entre los discípulos habían afirmado haberlo visto y también afirmaron que habían visto una visión de ángeles. Pero ustedes saben cómo es esto. Algunas veces las personas, en su pena, ven cosas que normalmente no verían debido a una imaginación sobreexcitada.

Además, otros, probablemente Pedro y Juan, que también habían realizado un rápido recorrido hasta la tumba, corroboraron solo parte de su historia. De modo que no estaban seguros de si los rumores eran verdaderos o no. Obviamente, no estaban convencidos con respecto a los informes acontecidos.

Estos discípulos, al igual que todos los demás, no se acordaron de las propias palabras de Cristo. Jesús les había predicho su muerte y resurrección, pero ellos se habían concentrado en sus propios conceptos equivocados sobre el Mesías. Él iba a venir con poder y con gran gloria e iba a destruir a los enemigos de Israel. Iría a establecer un reino eterno. *«El Hijo del Hombre —dijo Él— va a ser entregado en manos de hombres y ellos lo van a matar; y después que sea muerto, resucitará al tercer día».*

Se conocían las profecías de Daniel, quien le explicó a Nabucodonosor la imagen que él vio en su sueño. Pero la entendieron mal. Sabían que el reino representado por las piernas de hierro era el Imperio Romano. Para ellos, los pies de hierro y barro pueden fácilmente haber representado el actual estado de cosas dentro del imperio.

Después de todo, había muchos levantamientos, discordia y conflictos que fácilmente podían representar aquellos pies de hierro y barro.

Ellos pensaron que el Mesías vendría en poder, y con gran gloria al igual que la roca que pulverizaba a la gran imagen, y todo lo que esta representaba. Jesús era aquel que podía hacerle todo eso a los romanos. Nadie podía oponérsele. Ellos no esperaban que las cosas se extendieran por otros dos milenios.

No podían comprender que Cristo esperaba ser crucificado. Sí, ellos habían escuchado sus palabras, pero no penetraron en sus mentes. De hecho, las palabras de Cristo les eran tan inaceptables que las hicieron a un lado como si no fuesen verdad, ni fuesen exactas.

También se habían olvidado la parte en que Cristo dijo que sería resucitado al tercer día. Ellos solo pensaban en la destrucción de sus planes, ambiciones y expectativas. Igual nos ocurre cuando nos concentramos en nuestros asuntos de interés personal, descuidando y poniendo al olvido las promesas advertidas por el Maestro.

Los sacerdotes y gobernantes fariseos no se habían olvidado de las palabras de Jesús acerca de su resurrección. Mateo 27:62,63 nos dice que «*aun siendo Sábado, fueron a Pilato y le pidieron que sellara la tumba y que colocase una guardia armada alrededor de ella*».

Ellos sugirieron que los discípulos podrían robar el cuerpo y engañar a las personas diciendo que Cristo había resucitado. Los gobernantes del pueblo y los religiosos realmente creyeron en sus palabras y temían que realmente fuese resucitado de entre los muertos. No las creían en términos de salvación, pero las suponían.

Pongamos atención y recopilemos lo que le dijeron maliciosamente a Pilato:

> «*Al día siguiente que viene después del día de la Preparación, se juntaron los principales sacerdotes y los fariseos ante Pilato, y le dijeron: "Señor, nos acordamos de que, cuando aún vivía, aquel engañador dijo: 'Después de tres días resucitaré'. Manda, pues, que se asegure el sepulcro hasta el tercer día para que no vengan sus discípulos de noche, lo hurten y digan al pueblo: 'Resucitó de los muertos'. Este último error sería peor que el primero"*».

Aquí se puede percibir que el odio de los líderes por Cristo era amedrante, que hasta estaban dispuestos a quebrantar el Sábado e ir a ver a Pilato para asegurarse de que Cristo sería impedido de salir de la tumba.

Por medio de estas escenas podemos darnos cuenta de cuán fácil es que entendamos mal los eventos y que desviemos toda verdad para que concuerde con nuestras ideas preconcebidas. Los discípulos, de alguna manera, pensaban que los ficticios principios proféticos, delineados de modo fariseo, apoyados por otros pretendidos estudiosos teólogos, estaban correctos. Después de todo, ellos habían estudiado Teología y, acorde a su religión, creían poseer todos los títulos. Entonces, ¿quién podía argumentar con ellos?

Perdonen si esta introducción se hace extensa, pero, a decir verdad, muy poco se habla de estos sucesos apoyado en lo recopilado por Lucas. Voy intencionado en rescate de estas verdades, quizá para hacerlas vigentes, de manera que sea un soporte para reflexionar oportunamente. El resto del contenido serán incluidos en el compendio del epílogo.

No es nada fácil escribir sobre un tema como este, ampliamente enriquecido, que conforme se despliega tiende a profundizar, escudriñando para desvelar la verdad, quitando de uno la visión ofusca, con la cual a veces se mira cual cortina de humo. De ninguna manera se puede escribir un libro al azar, porque no representaría credibilidad, a menos sea inspirado por el Espíritu Santo.

Entretanto, a través de este libro, la intención es expresar que la vida consagrada demanda una conversión genuinamente radical. Se quiere decir con esto que, antes de caminar en lo incierto, reflexionemos primero, no sacando propias conjeturas, sino en lo que se nos ha enseñado creer.

Es oportuno volver a la fuente, volver al amor primero, a los orígenes del fundador de nuestro credo. En esencia, de volver al Maestro Jesús, el amado por todos los que fueron redimidos por su preciosa sangre, quien siempre está dispuesto a acercarse para ser el compañero constante mientras caminamos por nuestro Emaús.

Capítulo 2

FORASTERO EN JERUSALÉN

*Y, he aquí, dos de ellos iban el mismo día a una aldea llamada
Emaús, que estaba a sesenta estadios de Jerusalén.*

(Lucas 24:13)

Iniciamos este capítulo recopilando lo que Lucas escribió acerca de los hechos de la resurrección como describieron igualmente los otros escritores de los evangelios: Mateo, Marcos y Juan. En estos pasajes bíblicos se describe la reacción de las mujeres al ver la tumba vacía, al mismo tiempo, escuchan las explicaciones del ángel, así como la llegada de Pedro a la tumba y su sorpresa.

Cabe destacar que Lucas, a diferencia de los otros escritores de los evangelios, fue el único que registró el episodio de la caminata de Jesús a Emaús, en el cual aconteció el encuentro con los dos discípulos que emprendían su regreso, así como es referido, y de modo ocurrente, el encuentro con los otros apóstoles donde se encontraban reunidos en Jerusalén.

Desde cualquier enfoque sobresale más al mencionar igual que el momento culminante de estos episodios fue la referencia de Jesús a las Sagradas Escrituras para demostrar su muerte y resurrección.

Lucas tuvo un tacto delicado y vigilante al incluir el relato de la promesa del Maestro de enviar el Espíritu Santo como el de la ascensión del Señor, poco después de bendecir a los suyos. Estos detalles esenciales, más que embellecer el evangelio, avalan la veracidad del testimonio, conllevado en el Nuevo Testamento.

De manera que Jesús había resucitado, abandonó la tumba nueva, aquella que José de Arimatea había facilitado. De esta

forma se cierra el preámbulo al introducirnos al tema del forastero en Jerusalén, y lo hacemos con las palabras del ángel a las
mujeres ante la tumba vacía:

*«No está aquí, sino que ha resucitado. Acordaos de lo que os
habló, aun cuando estaba en Galilea diciendo: "Es necesario que el
hijo del Hombre sea entregado en manos de hombres pecadores y que
sea crucificado, y resucite al tercer día". Entonces, ellas se acordaron
de sus palabras».* (Lucas.24: 6,7,8).

Estas mujeres eran María Magdalena, Juana y María, madre de
Jacobo, y las demás con ellas, quienes, rebozadas con una mezcla
entre alboroto y júbilo, contaron a los seguidores de Jesús. Por
supuesto, la reacción de los apóstoles y discípulos no fue la más
alentadora, ni muchos menos la que se esperaba; no les fue creíble
el suceso, parecía ser más un arrebato de locura. Por cuanto sobresaltado el mismo Pedro, tuvo que salir corriendo al sepulcro,
queriendo comprobar el hecho. Para su sorpresa, solo encontró
los lienzos sobre el lecho mortuorio. De pronto, maravillado de lo
acontecido, se encaminó meditabundo al aposento alto, envuelto
en una sonrisa que expresaba alegría.

Por otro lado, dos renuentes discípulos iban el mismo día a
una aldea llamada Emaús. Habían pasado tiempo con Jesús, habían caminado con Él de aldea en aldea, de poblado en poblado
aledaño, incluso viajaron de cuidad en ciudad.

Habían pescado juntos, habían hablado hasta altas horas de la
madrugada con sus caras iluminadas por la lumbre de la fogata.
Se habían congregado alrededor de la mesa comunal para comer
y beber juntos.

Cleofás y este otro discípulo deberían ser capaces de reconocer
a Jesús cuando lo encuentran en el camino a Emaús. Ellos conocen
a Jesús, saben qué aspecto tiene, el tono de su voz, su acento, sus
peculiaridades. Pero, a pesar de este conocimiento, no lo reconocen en primera instancia.

Al igual que los discípulos, nosotros también, en varias ocasiones, fallamos en reconocer a Dios, que parece extraño, un forastero, en nuestro diario vivir.

Esta historia de los discípulos y Jesús en el camino a Emaús nos demuestra cómo funciona la gracia de Dios, un cuadro de la gracia divina, la gracia de Dios hecha carne en Jesús, caminando, hablando, comiendo. La gracia divina hecha común, la gracia de Dios transformando nuestras vidas comunes, hecha humana en Jesús, en encuentros y relaciones llenas de gracia.

En cuanto a los discípulos, como pudiera suceder con nosotros mismos, por sí solos lo hubiéramos pasado por alto, lo habríamos ignorado como en ocasiones lo hacemos. Perdemos la oportunidad de encontrarnos con Jesús, de estar en la presencia de Dios. Pero las buenas nuevas son que Dios, en su gracia divina, actúa primero, viene a nosotros, nos encuentra donde estamos, quiere caminar con nosotros para sacarnos de nuestro Emaús, camino de angustia, y devolvernos a Jerusalén, lugar de nuestra resurrección.

Al igual que los discípulos, nosotros estamos continuamente aprendiendo a estar dispuestos a recibir el regalo de la gracia en el proceso de abrirnos a Dios, a darle la bienvenida, a recibir al Dios que no aparece de forma familiar, que no actúa como esperábamos. Al igual que los discípulos, nosotros también fallamos en reconocer a Dios, desconocemos a extranjeros, a forasteros, a un Dios que parece extraño, que es forastero, que siempre nos anda sorprendiendo.

Si siempre desconocemos a otros, entonces nos equivocamos, los malentendemos, los descartamos por causa de nuestras predisposiciones, estereotipos e ideologías que nos ciegan por causa ideológica, que viene con creer que sabemos la forma humana que Dios toma, la manera en que Dios se expresa, las acciones que Dios lleva a cabo, las personas que Dios usa a quien ofrece a la iglesia como dones.

Pero si nosotros, que deberíamos actuar como verdaderos discípulos, despreciamos a personas que parecen demasiado extrañas, que son forasteros, que difieren en algunos aspectos, entonces, ¿cómo podemos estar seguros de que no hemos ignorado a Dios, al Dios que siempre nos está sorprendiendo? Pese a nuestra apariencia de serle fiel, de obedecerle y confiar siempre en Él, pese a todo ello, a nuestra indiferencia humana, simplemente nos ama. Solo queda por decir que, desde el fondo de nuestro corazón, debemos dar gracias a Jesús.

Capítulo 3

DOS DISCÍPULOS

E iban hablando entre sí de todas aquellas cosas que habían acontecido

(Lucas24:14)

C on Jesús, habían participado en muchas acciones y obras estos discípulos que ahora se encaminaban a Emaús. Según lo describe Lucas, caminaron juntos con el amado mesías, recorrieron lugares aledaños, pequeños villorrios, anduvieron por poblados donde habitaba gente común.

Visitaron lugares en esa misión doctrinal andariega, predicando la Palabra por esos caminos polvorientos que transcurrían en las antiguas tierras de Judea. Así, de lugar en lugar, con las sandalias empolvadas pero con el corazón enardecido, oyendo las enseñanzas del Maestro.

En ocasiones, pescaron juntos en la barca de Simón Pedro; habían pasado tiempo conversando hasta cerca del amanecer. Escuchar al maestro era para ellos como el pan de vida, el alimento que saciaba y aún se sacia en el espíritu quien come de ese alimento.

Cuando en ocasiones se sentaban en torno a una fogata para oír con atención lo que Jesús les predicaba, era visible en sus rostros la expresión de pasión. Así pasaron largas horas apóstoles, discípulos y seguidores; en otras circunstancias, lo hicieron congregados en una casa, alrededor de una mesa comiendo y bebiendo juntos, siempre sosegados por el amor de su líder.

Antes de morir Jesús, padeció una violenta tribulación, soportó treinta y nueve azotes, su cuerpo flagelado y golpeado quedó en un estado de calamidad poniendo al descubierto sus llagas y el más profundo dolor en medio de la agonía.

Adjunto al escarnio de escupidas, burlas, mas con una corona de espinas coronaron su sien; golpes por doquier, ofensas, desnudez se añadieron al abandono y la soledad. Finalmente, lo clavaron en la cruz hasta ser consumada su muerte.

Pese a ello, fue, es y será siempre Dios. Jesús nunca renunció cuando se encontró en el momento de la más dura prueba, y lo hizo por amor al mundo pecador.

Los seguidores, discípulos y amigos que presenciaron todo el proceso de la pasión, crucifixión y muerte del maestro, a pesar de haber sido previstos por el mismo Jesús, aun así, no comprendieron el mensaje de la cruz.

El mensaje de la cruz conlleva un propósito fundamental: esta es la venida del Salvador, el Señor Jesús, quien murió por los pecados de la humanidad. De estar hoy su cadáver en el sepulcro, todo el mundo tendría que pagar sus propias deudas.

Pero Jesús venció la muerte, lo que significa que sus seguidores también mueren a la ley, al pecado y al mundo, resucitando para una nueva vida en santidad. Todos los que creen en Él son libres del castigo de la muerte eterna y bienvenidos a pasar la eternidad con Jesús y con Dios Padre.

Todo esto hubo de acontecer. Él mismo les había anunciado. Estaba profetizado, predichos los acontecimientos en el Antiguo Pacto. Pese a ser advertidos, otra era la visión y el concepto más emocional de los esperanzados en su líder.

Habían trascurrido tres días de la considerada desgracia ocurrida en ellos; desvanecido estaba el rescate y la liberación del pueblo judío. Ahora más que antes, quedarían dominados por el poderío del imperio romano, adjunto a la manipulación sacerdotal farisaico, cómplices de la muerte del libertador Santo y Puro.

Era entonces el momento de retornar a sus aldeas quienes vinieron de otros lugares, unos cercanos, otros lejanos a Jerusalén. Multitudes habían venido a las tradicionales fiestas judías de las pascuas. Ahora emprendían la peregrinación de retorno, no había más que hacer en Jerusalén.

Para algunos, permanecer en el lugar de los hechos era ahondar en la tristeza. Se percibía un ambiente de desorientación, pero al estar más desanimados, era preferible abandonar el lugar. No había seguridad, aún continuaba la persecución de los seguidores de Jesús por parte de soldados romanos.

Cada uno siguió su camino. Algunos arriesgados de la cristiana fe permanecería en Jerusalén. Entre ese grupo estaban los apóstoles, ahora guiados y amparados por el valor y coraje de Pedro, quien asumió en parte el liderazgo.

Entre los que retornaban a su aldea había dos discípulos: uno de ellos se llamaba Cleofás; del otro, Lucas no menciona su nombre. Estos discípulos regresaban a su aldea y lo hacían con un fallido recuerdo de un líder, un maestro que ya no estaba. Solo mantenían la memoria de un Jesús muerto. Este no es un trasfondo singular, sino que es el perfil de algunos muy religioso, pero vacío en el espíritu, y en gran manera caminan igual por la vida, sin el sentido de la promesa de la esperanza eterna, que es en Cristo Jesús.

La aldea a la cual se dirigían el par de caminan- tes era Emaús, cuyo nombre significa «manantiales calientes». Un lugar aldeano en las afueras de Jerusalén, según el texto bíblico citado en el v. 13, como a sesenta estadios, equivalente a once kilómetros.

Aunque había varios sitios con el mismo nombre, se cree que su ubicación corresponde a lo que hoy es el sector de El-Qubeibah. En la actualidad, se conoce como Emaús Nicópolis.

En la travesía del camino, los semblantes, el ánimo y el argumento de Cleofás y su acompañante, reflejaban desconcierto. El contenido de su exasperada conversación estaba basada en todos los últimos acontecimientos en Jerusalén. ¡Jamás se había vivido una Pascua como aquella! (v. 14).

Pero, de cuando en cuando, olvidamos que Dios es maravillosamente creativo para acercarse a cada ser humano en particular.

Según nos relata Lucas, a unos, a los que se les aparece Jesús resucitado, es a los dos peregrinos de Emaús. Pero estos, aturdidos por el embargo emocional y la noción perturbada, no lo reconocen.

Cualquiera que haya estado cerca del círculo de Jesús, y aun siendo discípulos suyos, deberían de ser capaces de reconocer a Jesús cuando se encuentran en el camino a Emaús. Ellos conocen a Jesús: saben qué aspecto tiene, el tono de su voz, su acento, sus peculiaridades. Pero, a pesar de este conocimiento, no se percatan de su persona, no lo reconocen en seguida.

Y no es especulación que, si estos discípulos no reconocen a Jesús, ¿por qué creemos que nosotros lo podríamos reconocer si fuera a encontrarse con Jesús camino a su trabajo, en el supermercado, a su lado en la iglesia? Si Jesús se nos acerca, ¿por qué estamos seguros de que lo podríamos reconocer? ¿Por qué estamos seguros de que no lo ignoraríamos? ¿Qué nos asegura que ya no lo hemos ignorado?

Estos dos discípulos no reconocieron a Jesús porque no se parecía al Jesús que conocieron. Su imagen no se parecía al del maestro, la apariencia es extraña. Tampoco sus palabras son iguales, se oyen diferentes.

Se asemeja más a un forastero que no debiera ser del lugar. Un transeúnte solitario que se cruza en el camino. Sea lo que fuere, él no es lugareño o poblano. Están seguros de ello. Lo llaman forastero, extranjero, extraño.

La palabra en griego es *paroikeo*, una palabra que describe a alguien que se encuentra lejos de casa, un peregrino, un inmigrante. Según la definición que nos ofrece el léxico, el diccionario de palabras griegas *paroikeo* significa «la condición de estar en un lugar extraño, sin derecho de ciudadanía».

Cleofás le dice a Jesús en el versículo dieciocho: «*¿Eres tú el único forastero en Jerusalén que no has sabido las cosas que en ella han acontecido en estos días?*».

Cleofás parece estar disgustado con este forastero por la manera inoportuna que irrumpe su caminar, indignado por la forma indiscreta que interrumpe una conversación ajena. Cleofás tiene la impresión de que es un forastero sin conocimiento de la realidad actual. Un forastero de paso en Jerusalén que no conocía quién era Jesús.

En cambio, Jesús se presenta como un varón amable. Simplemente está tratando de ganar empatía, de intercambiar conversación durante el recorrido de un par de horas de viaje.

Jesús les pregunta: «*¿Qué pláticas son estas que tenéis entre vosotros mientras camináis?*», en el versículo diecisiete. Él solo intenta hablarles, entrar en conversación amistosa con los dos hombres en el camino a Emaús. «*¿De qué están hablando?*», pregunta Jesús.

Para estos aprendices de la doctrina, la presencia de Jesús es una intrusión, una interrupción. Jesús es un forastero que trata de introducirse en una conversación y relación que no le pertenece. Jesús es un desorientado forastero, un extraño errante; eso quizá opinan ellos. Pese a esto, el forastero persiste y logra establecer compañerismo de caminante, alguien con quien conversar, disipar argumentos. Esto es lo que logra el peregrino en el camino junto a los renuentes discípulos.

Podríamos llamar un derrame de la gracia. Esta es la esencia del acto solemne la gracia de Dios, de cómo Dios se acerca a nosotros a pesar de nuestras resistencias y oposiciones, a pesar de nuestra impaciencia y confusión, a pesar de nuestros ojos velados, nuestra incapacidad de ver claramente. Como en muchas ocasiones me ocurre en lo personal.

Nuestra incapacidad de ver a las personas, de ver a forasteros, nos impide darles la bienvenida o, por lo menos, un aliento, como dones de Dios, como gracia para nosotros, como mensajeros de Dios, como imágenes de Dios, como presencia divina para nosotros, como personas que nos invitan a entrar a la presencia de Dios. En este relato, la gracia de Dios se da en la presencia de un forastero, un extraño que resulta ser un amigo, un extranjero que termina siendo Salvador y Señor nuestro.

Capítulo 4

JESÚS RESUCITADO

Jesús le contestó: «Yo soy la resurrección y la vida.
El que cree en Mí, aunque muera, vivirá,
y todo el que vive y cree en Mí, no morirá jamás».

(Juan 11:25, 26)

La resurrección de Jesús es un acontecimiento real, un hecho del cual se puede decir que es un testimonio para la resurrección de la humanidad. Además, es un principio básico para la fe cristiana. Esta realidad sostiene la diferencia entre otras religiones, dogmas y creencias. Jesús resucitado es tan real que ni la tumba pudo detenerlo.

Por esto se puede decir con convicción que Jesús es el Dios que profesa el cristianismo. Un Dios verdadero que se humilló para hacerse como nosotros y poder rescatarnos del mal. De tal manera, se levantó de entre los muertos, ahora los suyos; su iglesia viviente se levanta en victoria y con poder junto a la cabeza viviente, que es en Cristo Jesús, Señor y Salvador, Rey de gloria y victoria. Así se testifica en las Escrituras y es necesaria que la palabra de Dios sea dada a conocer ante todas las naciones.

Por lo tanto, la resurrección es una victoria triunfante y gloriosa para cada creyente en Jesucristo, quien murió en la cruz por nuestras culpas; luego, fue sepultado, y al tercer día resucitó. Ahora el Señor fue recibido arriba en el cielo, y se sentó a la diestra de Dios, conforme a las Escrituras.

Desde luego, y de manera implícita, Él vendrá nuevamente por los suyos. Los muertos en Cristo resucitarán primero, luego nosotros, los que hayamos quedado; por cuanto aguardamos su venida.

Cuando acontezca el suceso, entonces, seremos transformados y recibiremos nuevos cuerpos glorificados, como anuncia la Biblia en 1 Tesalonicenses 4:13,18, La venida del Señor.

Tiene vital importancia la resurrección de Jesucristo debido a que prueba que Dios aceptó el sacrificio de Jesús en favor nuestro. Así mismo, comprueba que Dios posee el poder de levantarnos de entre los muertos garantizando así que aquellos que crean en Cristo Jesús no permanecerán más muertos, sino que serán resucitados a una vida eterna. Esta es nuestra bendita victoria obtenida por quien murió, que fue sepultado y resucitó al tercer día. La resurrección de Jesús venció el yugo del pecado e hizo posible que vivamos libremente en victoria.

Muchas son las razones por lo que se adjudica esencial y de más importancia la resurrección de Jesucristo. Por medio de la resurrección se puede testificar la omnipotencia de Dios; de manera que dar fe de la resurrección es creer en Dios.

Si Dios es real y existe, y Él creó el universo, indudablemente domina y posa el poder en Él. Esto quiere decir que tiene el poder de levantar a los muertos. Si Él no tuviese tal facultad de poder, no sería un Dios digno de nuestra adoración y fe. Pero los códigos bíblicos afirman que el Creador de la vida, quien es el Todo en todos, puede resucitar después de la muerte.

Solo Él puede revertir la atrocidad que es la muerte misma, y solo Él puede quitar el aguijón que es la muerte y dar la victoria sobre la tumba. En la resurrección de Jesús de la tumba, Dios nos recuerda su absoluta soberanía sobre la vida y la muerte.

La resurrección de Jesús es veraz, un testimonio para la resurrección de la humanidad; porta un principio imprescindible de la fe cristiana. Como se mencionó anteriormente, este hecho redentor difiere de toda creencia y religión.

Solo la doctrina cristiana tiene un fundador que trascendió victoriosamente a la muerte. Asimismo, prometió que sus seguidores harían lo mismo. Por lo cual, no es uno más, sino que es el centro en cada vida redimida.

Todas las pretendidas filosofías y religiones fueron creadas por hombres, cuyo final quedaron en tumbas. Ahora bien, como cristianos, somos confortados en el hecho de que nuestro Dios se hizo hombre, murió por nuestros pecados, fue muerto y resucitado al tercer día.

La tumba no pudo retenerlo. Él vive y ahora está sentado a la diestra del Padre en el Cielo. Este es el Dios que profesa el cristianismo. Un Dios verdadero que se humilló para hacerse como nosotros y poder rescatarnos del mal. Así mismo, Él se levantó de entre los muertos. Ahora los suyos, su iglesia viviente se levanta en victoria y con poder junto a la cabeza viviente que es en Cristo Jesús el Rey de gloria y victoria.

La Biblia ofrece un manantial de pasajes que expresan de modo explícito el bien común por causa de la resurrección de Cristo, en igual manera, las advertencias para quienes no lo aprueban.

En 1 Corintios 15 se describe explícitamente el suceso de la resurrección. Según algunos, en Corinto no creían en la resurrección de los muertos, por lo cual, en este capítulo, se mencionan malas consecuencias si es que no hubiere resurrección. A manera de recordatorio los citamos:

Primero, no tendría sentido el predicar a Cristo (v.14). Luego, la fe en Cristo sería vana (v. 14). Esto posesionaría a todos los testigos y predicadores de la resurrección como falsos (v.15).

Tampoco nadie pudiera ser redimido del pecado (v.17). Esto quiere decir que todos los creyentes que nos precedieron habrían perecido (v.18), y en igual manera, los cristianos serían la gente más digna de compasión en el mundo (v.19).

Pero las Buenas Nuevas declaran que Cristo sí se levantó de entre los muertos y «*primicias de los que durmieron es hecho*» (v.20), asegurando como tal que lo seguiremos en la resurrección. Jesús es las primicias de la resurrección de la muerte. Su resurrección precede a la Pascua que todo creyente experimentará consigo (1 Colosenses 15:20).

Todos los cristianos disfrutarán de una vida resucitada con cuerpos glorificados, lo mismo que el Señor Jesús (1 Colosenses 15:42,44).

En la vida que aún compartimos es posible afrontar padecimientos de dolores, enfermedades, angustias, entre otras manifestaciones de adversidades, pero en la vida venidera no se sufrirá más, sino que se gozará de cuerpos perfectos y glorificados que, por ahora, durante el caminar cristiano que semeja al camino a Emaús, debemos aguardar con ansias y con fe la esperanza prometida. Esta implicación que es conllevada en la resurrección se sujeta igual al juicio venidero del mundo con su justicia.

> *Por tanto, habiendo pasado por alto los tiempos de ignorancia, Dios declara ahora a todos los hombres, en todas partes, que se arrepientan. Porque Él ha establecido un día en el cual juzgará al mundo en justicia por medio de un hombre a quien Él ha designado, habiendo presentado pruebas a todos los hombres cuando lo resucitó de entre los muertos.* (Hechos 17:30-31).

Un día, el mundo será juzgado por el proceder de los malos actos. Los que no creen serán responsables de su desobediencia para con Dios. A estos, adjudicados a la condenación de Dios, el lugar que les aguarda será el infierno. Los creyentes serán responsables delante de Dios por las obras y la obediencia para con Dios y serán recompensados en los cielos según sus obras como creyentes.

La señal que Dios dio para confirmar su juicio fue la resurrección de Cristo Jesús de los muertos. Si alguno no cree en el Señor Jesucristo, la advertencia de este juicio debería traerle un temor profundo, de modo que es preferible aferrarse a la obediencia.

De lo contrario, cada quien se enfrentará a la ira del Gran Dios; entonces, padecerá una eternidad en el infierno, recibiendo castigo por desobediencia y pecado. Pero este juicio puede ser absuelto si se predicase en su nombre el arrepentimiento.

Hay una manera de obtener el perdón y vida eterna en Cristo, tan sencillo como arrepentirse de todo pecado y creer en el Señor Jesucristo. Cuando se acepta a Jesús se reciben todos los beneficios de su resurrección.

Nuestra fe en Cristo es la conexión divina que nos une a Cristo, y por Él, al Padre. De manera que nos ayuda a recibir el perdón de nuestros pecados, para luego, en victoria, resucitar a la vida eterna con Él. No desprecie la conmiseración de la gracia que Dios ofrece a la humanidad en Cristo.

«Jesús le contestó: "Yo soy la resurrección y la vida. El que cree en Mí, aunque muera, vivirá, y todo el que vive y cree en Mí, no morirá jamás"». (Juan 11:25, 26).

Ahora, si nos enfocamos en aquellos tiempos en que ocurrió la resurrección, eran días de confusión; todo el argumento se centraba en la muerte del Señor Jesús. Los discípulos de entonces, intrigados y conmovidos, buscaban respuesta, preguntándose entre sí: «¿Por qué se fue el maestro? ¿Cómo pudo dejarnos así?».

Puedo imaginar a otros que dirían: «Fueron tres años de andar con él, compartir, oír sus mensajes y enseñanzas, verlo hacer milagros, y ahora ya no está. «¡Qué será de nosotros!», desanimados exclamarían.

Podría percibirse que ese era el ambiente que se vivía. Así estaban aquellos dos caminantes que se dirigían a Emaús. Caminaban alicaídos, contristados, mas discutiendo sobre la crucifixión, la muerte, y el ya no estar del maestro con ellos.

En ocasiones, cuando hacemos prevalecer las emociones ante el entorno que nos rodea, como consecuencia decae la perseverancia en quien hemos creído, por cuanto la fe desvanece, quedamos cegados a merced de la angustia y aflicción, dando lugar así al desánimo, como ocurrió con aquellos discípulos camino a Emaús. Por el amor a Dios, no volvamos a reincidir en el error.

Capítulo 5

EL ENCUENTRO

Sucedió que, mientras hablaban y discutían entre sí
Jesús mismo se acercó y caminaba con ellos

(Lucas 24:15)

Nuestro Señor y Maestro Jesús siempre está dispuesto a acercarse a nuestras circunstancias, aquellas en la que a veces atravesamos. Se nos aproxima donde quiera que estemos caminando, nos ministra con su Palabra, conforta y alienta de manera que perseveremos en el caminar cristiano, recordándonos que todo podemos en Cristo, quien es el que fortalece, no importando cual fuere la circunstancia.

Cuando se piensa que se está en ascua, Él utiliza con determinación ese estado para transportarnos a otro nivel de bienestar, como ocurrió con aquellos que seguían su curso a Emaús.

Sabemos que eran dos amigos que pertenecían al ámbito de oidores de Jesús. No eran apóstoles, pero se puede decir que eran discípulos, y que uno de ellos se llamaba Cleofás. Existen algunos informes que describen biografía acerca de la identidad de Cleofás.

En cambio, se desconoce un informe de quién pudiera ser el otro discípulo, cuyo nombre no es mencionado. Algunas dramatizaciones religiosas nombran a Lucas, pero son únicamente eso, dramatizaciones; darle un nombre sería como especular, por cuanto, tomamos el modelo bíblico. En lo que sí coincide la historia es que ambos se dirigían hacia Emaús, una aldea de paso en el camino situada a unos once kilómetros en las afueras de Jerusalén.

Ambos andariegos se encaminaban a su localidad. Es probable que hubieran partido de Jerusalén al terminar la fiesta de los panes sin levadura. Quizá permanecieron más de lo previsto en Jerusalén por la muerte de Jesús.

Lucas, en su evangelio, describe que Cleofás y su acompañante caminaban argumentando acerca de todos los acontecimientos que habían ocurrido en Jerusalén. Todo lo que se decía era en relación con el suceso del maestro Jesús y, para colmo de la desdicha, culminando con la muerte atroz. Como buen narrador descriptivo, Lucas especifica las condiciones emocionales de ambos caminantes. No era para menos. Al líder, a quien atribuían la esperanza libertadora del pueblo judío, lo habían crucificado.

Ambos llevaban el semblante de rasgo entristecido. La conversación con Jesús así lo demuestra. La frustración y la desesperanza inundaban sus corazones al comentar sobre la realidad de la muerte de su Maestro, que pensaban y esperaban sería quien iba a redimir al pueblo de Israel.

Es en este contexto, en que Jesús decide aparecerse en forma corporal y unirse a los dos discípulos en el camino, nos deja entrever, y afirmado en palabras del propio Lucas, que dos seguidores del Maestro tuvieran los ojos tan ofuscados que no le reconocieron. Fue cuando Jesús les preguntó acerca del motivo de su discusión en el camino.

Esta pregunta dio la oportunidad para que Cleofás y su acompañante desahogasen su corazón contristado; contenían un cúmulo de congojas por los hechos acontecidos. Podemos imaginar el mismo sentir de los once apóstoles como de otros abatidos moradores en Jerusalén. El suceso estaba en boca y conocimiento de todos.

Con todas esas emociones encontradas, buscaban, sin duda, algún desahogo, de manera que, al expresar tal abatimiento, vaciaran la frustración, el dolor y desesperanza. Mas la humillación de los religiosos fariseos y la opresión tirana de los romanos, todo esto junto, hacía que llevaran los ánimos decaídos.

Precisamente ese incidente anímico dio lugar a que Jesús pudiera ministrarles por medio de las Escrituras. El apóstol Lucas indica que el Maestro hizo una exhortación precisa del Antiguo Testamento, iniciando por Moisés, seguido por los profetas, advirtiendo y explicando que era imprescindiblemente necesario el sufrimiento del Mesías; Lucas 24:25, 26,27 lo describe así.

En otra porción del evangelio (Lucas 24:28) se narra que, llegando a la aldea de Emaús, destino de los dos caminantes, tomó Jesús la actitud de proseguir su camino, pero ellos insistieron, casi le obligaron, a quedarse con ellos, invitándolo a pasar la noche en su casa. Había declinado el día, pronto oscurecería, y la senda del terreno quedaría en penumbras. En los tiempos del peregrino era costumbre precavida reposar de noche.

«*¡Quédate con nosotros porque se hace tarde!*», le decían (Lucas 24:29, 30). Jesús entró, pues, a quedarse con ellos. Una vez allí, sentado con ellos a la mesa, tomó el pan y lo bendijo, lo partió y les dio.

Cuando procedía a partir el pan, sus ojos fueron abiertos y reconocieron a Jesús, mas él desapareció de su vista. Entonces, inquietados se decían: «*¿No ardía nuestro corazón en nosotros mientras nos hablaba en el camino? ¿Y cuando nos abría las escrituras?*». (Lucas 24: 31,32).

Fue entonces cuando la consternación, la desesperanza inhibida en sus corazones, revirtió en gozo y, en gran manera, la alegría. De modo que, sin más demora, volvieron a Jerusalén. Los imaginamos correr jadeantes por el camino polvoriento a contar las buenas nuevas del encuentro con Jesús.

De cierto se puede decir que la ansiedad, la adversidad del diario vivir, a veces conducen al desánimo, inclusive el pecado pudiera velar los ojos espirituales, de manera que no reconociéramos al Señor Jesús. En cambio, él siempre dispuesto a caminar a nuestro lado, en el camino incierto que elegimos.

La historia narrada de Emaús conlleva eventos que merecen atención, porque la experiencia de aquellos dos discípulos pudiera ser el reflejo de muchos. En este pasaje observamos que Jesús es quien toma la iniciativa de acercarse a sus seguidores, como lo hace con cada creyente suyo.

Nunca se debe desestimar la promesa del Señor porque es por siempre. Él dijo que permanecería con los suyos todos los días hasta el fin del mundo. (Mateo 28:20 lo confirma). Constantemente está acercándose a nosotros, y de muchas maneras, a pesar de que en nuestra ofuscación, al igual que los caminantes de Emaús, no lo reconocemos.

Cuando dudosamente se camina en el camino de la incertidumbre, Jesús viene al encuentro en nuestra realidad, cualquiera que esta sea.

El Señor se aproximó a dos personas confundidas, frustradas y tristes, además, sin anhelos ni esperanza, descuidando, de hecho, lo que el Maestro de manera precavida les había enseñado.

Pero por el amor por los suyos, que sobrepasa todo entendimiento, al ver sus expectativas, sus desvanecidos anhelos como de cierto en algún camino nos semejamos a ellos, el Señor Jesús siempre está dispuesto a encontrarnos.

Cuando el supuesto forastero en Jerusalén se les acercó por el camino, no solo los acompañó, sino que les ministró con la Palabra. Hizo real, visible, evidente, palpable la Palabra de Dios para la situación y la realidad que estaban viviendo, de manera que, posteriormente, le reconocieron. Precisamente fue la Palabra la que renovó el espíritu de valor y levantó bríos en sus corazones. Cuando Jesús expone enseñanza en nuestras vidas, no quepa la menor duda de que es para edificarnos.

Es posible que en nuestra ofuscación no reconozcamos a Jesús, nuestros ojos pueden estar velados por diversas situaciones. Pero Él, porque nos ama, siempre está dispuesto a caminar en nuestra realidad; encontrarse con nosotros es lo que más anhela, caminar en nuestro Emaús para encontrarnos y consolarnos. Este debería ser también nuestro anhelo.

En nuestra necesidad, Jesús siempre nos ministrará. Nunca prometió evadir las adversidades, el sufrimiento o absolver problemas que suceden en la vida. Pese a ello, ha prometido estar siempre a nuestro lado y ministrarnos con su presencia y Palabra para vencer obstáculos día a día, quien en un entonces se le llamó un desapercibido forastero, sin percatarnos de que era el Adonaí, proveedor de consuelo, paz y esperanza.

Cuando llegamos a nuestro destino deseamos sentir consuelo, paz y esperanza. Para ello es preciso sentir la presencia de Jesús, invitarle a nuestra casa (expresada de otra manera, nuestra conciencia, en nuestra realidad de vida). Los dos discípulos de Emaús pudieron haber perdido toda la bendición del encuentro si no hubiera sido por el testimonio citado en el evangelio de Lucas. La historia dice que invitaron e insistieron a Jesús que se quedara con ellos.

Ciertamente, Jesús está dispuesto a acompañarnos en nuestra realidad. Tan solo su presencia nos ministra. Es el Verbo, la Palabra viviente desde un principio, pero al final es uno el que decide o no dejarle participar de nuestra experiencia de vida o apropiarnos de Él y su ministración. Si le invitamos e insistimos para que repose en nuestra casa, de cierto que sentados a la mesa partirá el pan mientras nuestros ojos serán develados.

La presencia de Jesús siempre transforma vidas pese a ser nuestra existencia cual vasos de barro; en sus manos nos convertimos en instrumentos valiosos. Nos transforma para enviarnos a otros; nos hace voceros de la realidad de Jesús. El Señor que cambia y transforma vidas nos moldea amorosamente para darnos la forma de voceros de paz, consuelo y esperanza para un mundo perdido y quebrantado que camina con los ojos velados a Emaús.

Capítulo 6

SOMOS CAMINANTES DE EMAÚS

Otra vez Jesús les habló, diciendo: «Yo soy la luz del mundo; el que me sigue, no andará en tinieblas, sino que tendrá la luz de la vida».

(Juan 8:12)

La narración del presente pasaje está escrita en el contexto de la resurrección de Jesús, la cual describe que, entre tanto, muchos de sus discípulos eran testigos de este gran milagro de Dios manifestado en la resurrección de su Hijo amado. Pero dos de ellos se dirigían por otro camino, se sabe que volviendo a sus casas con una actitud de derrota y frustración.

Emaús era su destino, una aldea aledana de Jerusalén. Su geografía, distinta al desierto, está situada en el terreno fértil del valle de Sefelá, en el cruce de las vías de comunicación que unen el norte y el sur del país con el acceso a Jerusalén.

En la antigüedad fue calificado como «lugar de aguas deliciosas y de estancia agradable». El nombre de Emaús proviene de la palabra hebrea *Jamot*, que se traduce como «fuente o aguas calientes». Se dice que en el siglo III d. C. la ciudad cambia de nombre, pasándose a llamar Nicópolis, que en griego significa «ciudad de la victoria».

La abundante y exquisita historia de Emaús está marcada por el paso de numerosos conquistadores y personajes ilustres; citamos algunos en la Biblia. El libro de Josué explica cómo el sol y la luna se pararon sobre el valle vecino de Ayalón mientras Israel luchaba contra sus enemigos.

En el año 165 a. C., Judas Macabeo obtiene aquí una victoria importante contra las tropas griegas de Nicanor, abriendo el camino hacia Jerusalén y permitiendo a los judíos la purificación del Templo y la restauración del culto religioso. Según la liturgia, se conmemora anualmente en la fiesta judía de *Januka*.

Hacia el año 30 d. C., la ciudad de Emaús fue destruida por los romanos; entonces, el lugar del encuentro de Jesús, el supuesto forastero, con dos de sus discípulos que no le reconocen durante la travesía del camino, únicamente en el gesto de la fracción del pan, se convierte en un pequeño pueblo.

De esta manera, la Pascua de Cristo, como un sol radiante de luz, se eleva sobre el curso de la historia iluminando y transformando la humanidad por la comunión del pan y el vino, que representan el cuerpo y la sangre de Jesucristo.

En el siglo III d. C., Emaús es reconstruida por los romanos, y una gran comunidad cristiana nace aquí.

Emaús en el Evangelio, según Lucas 24,13-35, relata un acontecimiento real, refiriendo lo sucedido: «*Y, he aquí, dos de ellos iban el mismo día a un pueblo llamado Emaús, que estaba a sesenta estadios de Jerusalén. E iban hablando entre sí de todas aquellas cosas que habían acontecido. Sucedió que mientras hablaban y discutían entre sí, Jesús mismo se acercó, y caminaba con ellos. Mas los ojos de los discípulos estaban velados y no le reconocieron. Les dijo Jesús: "¿De qué habláis mientras hacéis camino, y por qué estáis tristes?"*».

Muchas veces, en medio de nuestras perturbaciones, caminamos sin rumbo, Jesús se nos acerca y nos pregunta en nuestro interior qué murmuramos y por qué estamos tristes. Pero al igual que Cleofás y su compañero, optamos por recorrer para llegar a un destino incierto y rutinario, donde el horizonte de vida es incierto, sin esperanza.

Para aquellos que siguieron la enseñanza evangelizada, todo se había terminado. ¿Qué explicación ofrecerían a sus vecinos ahora acerca de Jesús? Sin embargo, en medio de su caminar aparece Jesús, el caminante forastero, trayendo esperanza y seguridad como nos trae al camino del ánimo de fe a muchos de nosotros.

En esta parte del relato, Lucas quiere presentar a Jesús como el caminante Señor, quien estuvo en constante caminar antes de la resurrección, y ahora, después de la resurrección, sigue caminando. Este caminante forastero es el que trae buenas nuevas y esperanza. Es como si nos dijera hoy que la Iglesia debe estar en un constante caminar, cual peregrina en este mundo.

Es muy probable que el momento en que se aparece Jesús haya sido durante el atardecer, en medio de la oscuridad, símbolo de la confusión y la ignorancia. De ahí que el autor señale que no pudieron reconocerlo a tiempo, pues sus ojos estaban velados. La presencia de Jesús es para señalar que Él es la luz del mundo (Juan 8:12), ilumina la oscuridad con su victoria, abre el entendimiento.

Jesús es el compañero invisible que camina con nosotros. Todos los días de nuestras vidas nos acompaña en nuestro largo caminar, nos ilumina y nos da entendimiento para interpretar los enigmas de las viejas escrituras, que muchas veces vienen a ser ataduras para cumplir con el propósito previsto. ¡Él está vivo y camina con nosotros! Aunque no lo vemos, se mueve entre nosotros.

De igual manera, Jesús se da a conocer en el trayecto de nuestro caminar, se manifiesta de manera multiforme, a través de señales y expresiones.

Una señal específica de su presencia entre nosotros es el sentimiento en lo profundo de nuestro corazón, de manera que hace que sintamos su amor. Podemos reconocerlo en medio de la gente a través de diversos rostros y expresiones.

De hecho, es su amor ágape para quien nos impulsa a amar a nuestro prójimo. Cada día Jesús se da a conocer en cada persona, situación o hechos concretos de nuestra vida cristiana. Somos suyos, le pertenecemos. Pagó alto precio por nosotros y lo hizo con su preciosa sangre. Somos propiedad de Cristo, «*en quien tenemos redención por su sangre, el perdón de pecados según la riqueza de su gracia»*. (Efesios 1:7).

Pero nuestra indiferencia e insensibilidad demuestra nuestra oscuridad e ignorancia. Él está con nosotros, pero no lo reconocemos. Nos olvidamos de que Jesús está caminando con nosotros y quiere que escuchemos su voz y le invitemos a entrar a nuestras vidas, a nuestras casas.

Entretanto, somos como los caminantes de Emaús, caminando en medio de la oscuridad sin entendimiento y sin sensibilidad, por aquellos que sufren. Urge volver a la conciencia, volver a Jerusalén, que representa el lugar de la resurrección teniendo en mente siempre, pero más en el corazón, que Jesús está en cada uno de ellos y necesitan de nuestro amor.

Parafraseo la actitud del Señor Jesús, Pastor de pastores, entre ellos su discípulo y mi pastor espiritual asignado en este mi caminar, Juan Eduardo Pérez, cuando le escucho decir que se dirige a los funerales, hospitales, las cárceles o cuando visita los hogares de personas necesitadas de palabra de aliento, como mi persona. En ocasiones, al igual y sin excepción que muchos hermanos en la fe, necesitamos fortalecernos, levantarnos con nuevos bríos espirituales.

Mantengámonos siempre, aunque seamos zarandeados en nuestro caminar, sabiendo que las pruebas nos hacen más fuertes y firmes con la convicción de que somos la Iglesia de Cristo, caminando por los caminos del mundo anunciando la paz y el reino de Dios.

Quiera el Señor hablarnos en estos tiempos y comprender que Jesús nos acompaña en nuestro caminar, sabiendo que las pruebas nos hacen más fuertes y firmes con la convicción para que arda en nuestros corazones un grato estado de ánimo manifestado en alegría, para que nosotros, en igual manera, podamos seguir acompañando a otros. Seguiremos compartiendo las Buenas Nuevas de manera que otros también puedan encontrar La Luz Admirable y lleguen a ser, no solo salvos, sino tener una vida llena de gozo a través del conocimiento de su Palabra, pero, sobre todo, para que le acepten como su Señor y Salvador.

De cualquier modo, este es su legado. En las Escrituras se manifiesta como la gran comisión: «*Por tanto, id y haced discípulos a todas las naciones, bautizándolos, y en el nombre del Padre, del Hijo y del Espíritu Santo, enseñándoles que guarden todas las cosas que os he enseñado; y he aquí, yo estoy con vosotros todos los días, hasta el fin del mundo. Amén*». (Mateo 28:19,20).

Capítulo 7

VOLVER A LA PASIÓN

Todas las cosas me fueron entregadas por mi Padre,
y nadie conoce al hijo, sino el Padre, ni al Padre conoce alguno,
sino el Hijo, y aquel a quien el Hijo lo quiera revelar.

(Mateo 11:27)

L eyendo un devocional Preparación para la Pascua de C. S. Lewis, encuentro una reflexión persuasiva de la vida cristiana actual. Refleja en sí cómo vivir la vida cristiana, especialmente a la luz de la culminación de la obra redentora de Jesús celebrada en la Pascua. Para los judíos, fiesta que conmemora el éxodo de Egipto; entre los cristianos, la fiesta de la resurrección del Señor.

Quien ha oído de C. S. Lewis, se le conoce como un apologeta prominente, defensor de la fe cristiana. La postura de sus escrituras sugiere ir más hacia arriba y más hacia adentro en nuestra relación con Dios.

Este escritor influyente contribuye con lo siguiente: cada cristiano debe ser consciente de que la salud espiritual tiene que ser proporcionalmente exacto a su amor por Dios. Pero el amor del hombre a Dios, por su misma naturaleza, tiene que ser siempre o casi siempre amor por necesidad.

En cada ocasión que escudriño el contenido de la narración de Lucas del capítulo 24 acerca de los discípulos en el camino a Emaús, el objetivo es obtener mayor información de trasfondo y, así, ampliar y enriquecer la obra que se está escribiendo. Miro una y otra vez con insistencia. Entonces, quedo lleno de asombro y, ¿por qué no?, también de anhelo de obtener más conocimiento.

En la búsqueda de datos atesorados en los versos, con tiento quedo meditativo. Por largo tiempo reflexiono en silencio, recreando con el pensamiento. De cierto, muchas veces he caminado sobre estos pasajes con la mente.

Inclinado por tal inquietud indagatoria, he enfocado el panorama para observarlo quizá desde la perspectiva teológica pedagógica. De esa hábil maestría de enseñar de Jesús, también concentré la imaginación a la luz de la óptica de la Semana Santa. El intento es confeccionar una serie de exhortos y reflexiones, desde luego, tomando prestados oportunamente versículos entre 13 al 35 de los evangelios de Lucas.

Esta intención únicamente es apreciar de buena manera la substancia, sacando ventaja de la enseñanza. Desde la cosmovisión devocional, nos ponemos en las sandalias de los caminantes para recorrer en esa vereda polvorienta, pero a la vez hornada, el paisaje por abundante forestación, como tal se plasma el lienzo imaginativo del camino a Emaús.

Tal vez resulte un extracto de principios solo para mi persona, con visos aplicables para mi propia experiencia espiritual. Pese a ello, deseo con sinceridad partir el pan y que, al compartirlos, los lectores puedan también identificarse con ese transitar de la vida cristiana.

La premisa básica de la reflexión parte de la necesidad de recuperar el fuego en nuestro corazón por Cristo, su Palabra y su misión; elementos fundamentales y muy palpables en esta narración.

De pronto surgen preguntas: ¿Cómo se cambia de la frialdad al fuego espiritual? O tal vez, ¿cómo regresamos del camino de la desilusión al camino de la esperanza? Pueden ser preguntas fundamentales que se plantean a partir del repaso de este pasaje. Es obvio que este mensaje es bastante pertinente hoy, en el evangelismo a través del mundo.

En cada ocasión se confronta cierto nivel de falta de esperanza; a esto se adjunta la desilusión. Esto ocurre entre los muchos creyentes de nuestro ambiente espiritual. No lo considere como una especulación con desatino, pero, a decir verdad, cientos de creyentes anhelan una «resurrección» del mensaje de su Señor. Es notorio que muchos se están alejando de su Jerusalén. El centro del mover de Dios, se mueven para su Emaús, es decir, para una vida ordinaria y cotidiana.

Preocupa la actitud que se toma. ¿Y por qué lo hacen? Quizá porque Jerusalén, para ellos, ya no representa un lugar de frescura o de esperanza. Y es que parece que Jesús ha desaparecido de Jerusalén. Le hicieron una figura invisible. Dejaron de percibirle y por eso caminan hacia afuera, hacia lo que aparenta normal y cotidiano.

¿Pero cómo ocurre esto, siendo seguidores de la fe? ¿Cómo pasamos de un cristianismo cotidiano a un cristianismo ardiente? Creo que el pasaje nos lo dirá. Ese es el punto de la intención. Tal como Lucas lo describe mejor: «*Arder su corazón*» (Lucas, 24,32). De otra manera sería «poner el corazón sobresaltado».

Estos breves ensayos de mensajes serán recibidos por aquellos que están cansados de lo mismo, de lo rutinario, de lo cotidiano, de la monotonía de vida sedentaria de su Jerusalén por cuanto se han apartado de la verdad, porque no tienen en su guía a Cristo resucitado, ahora vivo. La sugerencia viene a ser para quienes pretendieron practicar la religiosidad oficial evangélica y pretender seguir a Jesucristo como un «forastero» o «extraño», en vez de seguirlo como al Maestro Redentor mismo.

Jesús resucitado, que despierta un fuego intenso en nuestro corazón, es capaz de hacernos caminar y llevar el mensaje a pesar del cansancio, como del peligro que representó regresar a Jerusalén desde Emaús en la misma noche que Jesús les abrió los ojos. Y con el corazón sobresaltado, pero palpitante de gozo, volvieron al lugar de la resurrección.

A manera de confirmación, se puede citar que el relato de los discípulos de Emaús se adjudica exclusivamente a su autor (Lucas, 24:13-35). Comparando con el evangelio de Marcos, este solo ofrece una corta porción con respecto al encuentro con el resucitado. Datos ofrecidos en Marcos 16:12.

Sin subestimar la narración de Marcos, encontramos más detalles descriptivos en los escritos de Lucas que sopesan en una evaluación comparada. El relato de Lucas es más intrínseco, ocupa el epicentro de la fe cristiana descrita con exquisitos detalles la victoria de Jesús sobre el pecado y la muerte. Explica aquello que los ángeles comunicaron a las mujeres que fueron al sepulcro: «*¿Por qué buscan entre los muertos al que está vivo? No está aquí, ha resucitado*». (Lucas, 24:5-6).

Ese mismo día en que encuentran el sepulcro vacío y reciben la noticia de la resurrección de Jesús, sucede lo de Emaús (24:13). El «camino» de Jerusalén a Emaús conlleva un profundo significado. Dos discípulos de Jesús bajan de Jerusalén camino a Emaús, camino de regreso en pos a su casa (Lucas 24:13).

Con tal prematuro alejamiento, se distancian igual de Jesucristo muerto y resucitado en Jerusalén, dejando atrás a los hermanos que allí se reúnen a bendecir a Dios (Lucas, 24:52,53), unánimes en acción de ruegos, a manera de esperar consolación, mas el ansiado aliento espiritual, provendrá de lo alto (Lucas, 24:49).

Se sugiere también ver Hechos 1:4.

Alejarse de Jerusalén, por tanto, es abandonar al Señor y sustraerse a la donación del Espíritu, por lo mismo, abortar la misión (Hechos 1:8). Jerusalén representa el ámbito teológico de encuentro con Jesucristo vivo, razón de la esperanza, fuente de sabiduría espiritual, como de firmeza para el testimonio.

En cambio, la aldea de Emaús ocupa en la representación textual de Lucas lo cotidiano, lo de antes y lo de siempre. Se quiere decir con esto el acabose de la ilusión que Jesús había sembrado en ellos; en el horizonte sin fin solo se encuentra refugio en la desesperanza. Esto se debe por la lejanía con el resucitado y su comunidad pascual. Allí, en Emaús, solo es posible la tristeza y el vacío. Evidente se hace la carencia de fe en la obra de Dios por su Mesías.

Recorrer el camino de Jerusalén a Emaús (Lucas 24:13), en sentido figurado, es deshacer el itinerario divino, o sea, obviar la descripción de la ruta para asirse a la derrota al creer que Dios no pudo vencer el pecado ni la muerte. Por sorpresa, en el camino a Emaús, Jesús se les acerca insinuando a sus dos discípulos que no lo reconocen a retomar el itinerario divino por el cual debieran caminar. De modo que, por el cual, comprenderán el propósito salvador del Dios Padre llevado a cabo por su ungido hijo Jesucristo.

De pronto, develada será la visión de ambos. Saldrán sin más tardanza de Emaús, rumbo a Jerusalén (24,33), porque nada encuentran edificante, nada queda por hacer en la aldea. Como se mencionó en esta historia, el nombre de la aldea interpreta derrota, y caminar en la senda del paraje es dejarse vencer por el ofuscamiento cuando, en realidad, el Mesías enviado está vivo, en medio de los suyos en Jerusalén.

Aquellos descorazonados de Emaús que representan a todos los que perdieron el deleite por Cristo y por la Iglesia, siempre inciden en la misma representación descriptiva: denotan una profunda decepción. Pero ellos deben reencontrarse con la cruz y con el sufrimiento. No supieron asimilar el significado de esto.

Al asumir tal postura deprimente, optan por llevar una vida amargada, llena de desesperanza. Conocen la Palabra, pero no se benefician de ella. Interpretan la Palabra de otra manera, que es siempre la misma, en todos los turbados de entendimiento, cuyas expresiones son: «*Nosotros esperábamos... ¿Esperaban otra cosa distinta de Cristo, de la Iglesia, de su matrimonio, de su vida en sí?*».

Tiende a optar por un patrón de comportamiento derrotero. Todos los desalentados de Cristo se acogen a la queja, de manera que siempre ofrecerán causas del asunto, desde luego para no hacer nada. En cambio, se hunden más en la decepción.

No considere como una crítica que juzga, pero es la realidad, y la verdad habla por sí misma. Este es el reflejo de la decepción que hace pensar y obrar equivocadamente, induciendo optar una vida más cómoda y sin compromisos. De hecho, sobresale el sentimiento de religiosidad farisaica que se encubre dentro del corazón.

El amor ágape y misericordioso de Jesús es inmensurable, sobrepasa el entendimiento. Sorprende cómo busca a los que huyen de Él. Sale al encuentro de los que no quieren encontrarse con nadie. Les ayuda a salir de sus apegos y ataduras, por cierto, demasiado humanas, con un trasfondo que les priva de vivir en el gozo y la alegría del resucitado.

A todo aquel que se sienta desmotivado por lo que un día ha creído, pero no hace nada por cambiar, Jesús les responde que «era necesario todo lo sucedido». «Era necesario» quiere decir lo que el apóstol Pablo nos recuerda: *A los que aman a Dios todos las cosas les ayudan a bien*. (Romanos 8:28). Cristo resucitado es la respuesta a todas nuestras decepciones.

Cuando se fija la mirada a la cruz de Cristo surge en lo más íntimo una sensación que turba, dejando a un corazón congojado. Solo se puede salir de esta condición si se opta de veras por salir. Las decepciones demuestran que lo adverso únicamente está en uno.

Recordemos que el Señor nada había prometido, nada que no estuviese en la voluntad del Padre; esa era la convicción a la hora de seguirle. Los desertores de la convicción, como los mencionados en la historia o como muchos que deambulan en el paraje como el de Emaús, no se percatan que nada se les ha prometido que no sea: «Si alguno quiere venir en pos de mí, niéguese a sí mismo y tome su cruz, y sígame». (Marcos 8:34).

Toda carga o decepción, cualquiera que sea, será vaciada cuando tengan un encuentro de reconcilio con el Señor en una manera de vida espiritual saludable. Si se tiende a dirigirse por camino a Emaús, que sea únicamente para encontrarse con Jesús. Sugiero oren por ese encuentro, no se contemplen a sí mismos, en medio de quejas y lamentos.

Busquen con ansias al resucitado. Es la resu- rrección y la vida encontrarse con él, es palpar la gloria, es como tocar el borde de su manto, y poder saldrá de él. Hará que el Espíritu Santo se derrame en toda su amargura, de manera que le reconozcan al partir el pan. La cena gloriosa de reconciliación con el Señor.

Cristo vive porque ha resucitado, y ha resucitado para ser tu Sanador.

Llama la atención que ahora la aldea se llame Nicópolis, que en griego significa «ciudad de la victoria». Sin embargo, en sentido figurado, los que transitan por Emaús están siempre en crisis en el terreno espiritual. El desaliento proviene de haber abandonado la congregación, el lugar de la comunión con la Iglesia. Pero cuando sucede el encuentro con el resucitado en el camino de ese Emaús imaginario, entonces, se vuelve al Cenáculo, a vivir con gozo la comunión con la Iglesia; una por una se disipan, se pudre toda atadura opresora de angustias.

La respuesta es que han cambiado la manera de pensar y de sentir. Ya no se les oye exclamar: «*Nosotros esperábamos*», el decir lastimero de los decepcionados. Ahora se siente ímpetu en el ánimo. Fue necesario reconocer la afirmación de su fe en el resucitado.

El camino en el valle de Emaús podría interpretarse como un recorrido de desesperanza. Lo recorren dos discípulos que van con el semblante caído para su aldea.

Pese a conocer que Jesús había resucitado, ese mismo día ellos permanecen incrédulos, toman la decisión de retornar con tristeza. Pero Jesús sale a su encuentro, camina con ellos, y les conforta ministrándoles con la verdad y la promesa, sin apartarnos de la huella. Cuando alguien quiere caminar contigo, de hecho, surge el sosiego produciendo seguridad. Tómese en cuenta, sino se ha referido anteriormente, que Emaús ofrece un camino de ida, pero también de vuelta.

De ida hacia la desesperanza, mas de vuelta hacia la promesa hecha; nos torna hacia Jesús como también al prójimo en necesidad.

Por mi parte, por no ser la acepción, el camino del Emaús cotidiano que recorro siempre con la esperanza de cruzarme con el Maestro, cada día, de camino a mis obligaciones, lo busco, así reciba la Palabra. O en la intimidad en casa lo espero, anhelo que parta el pan conmigo.

Esa es la mayor ilusión que aguardo. Es más, necesito que arda mi corazón al poder escuchar su enseñanza, sentirme acompañado en la vida espiritual elegida. Pues diré que esa agradable compañía ha nacido ensoñando con él. Entonces vino a mí, a mi encuentro en mi caminar. Silente en mi espíritu, comenzó a ministrar mientras ganábamos la polvorienta vereda juntos.

Quizá recibamos alguna señal, pero estando distraídos en otros motivos menos en la fe, uno no se percata de que nos llaman a la puerta de nuestro ser interior, perdiendo así la bendita oportunidad. Y si fuimos cautos y sensibles al llamado, entonces, encontramos razonamiento, comprendiendo que el Espíritu Santo nos quiso hablar.

A medida que se va dirigiendo el mensaje espiritual, en unas ocasiones podría ser de advertencia como en otras, augurios de felicidad. De cualquier manera, cuando se recibe sabiduría de lo alto, siempre contendrá lo mejor para uno.

La Palabra dice de manera exhortativa: «*¿Qué hombre hay de vosotros que, si su hijo le pide pan, le dará una piedra?*». (Mateos 7:9). Pese a lo sugerido, en caso de que eventos ajenos a lo que se espera ocurrieran, por más difícil e incomprensible pareciera, serán para pulirnos, sacando brillo espiritual y, en efecto, sea medicina para el alma, siempre para nuestro bien. Nunca se mire los eventos de la vida en propia perspectiva, más bien se debe mirar con atención desde la óptica del Padre Eterno.

A veces, uno ansía tener luz de guía, estando albergados en penumbras de extremas penurias, quedando con brazos cruzados en postura exasperada de derrota, pudiendo activar el poder que conlleva la fe.

Clamar asistencia al Padre de los cielos es otra opción. Para los discípulos de Emaús, ese camino era un camino aparentemente real. En lo que respecta a mi persona, no sé si lo es para usted, lo conceptúo como un camino personal, además de un encuentro conmigo mismo, con los demás, pero mucho más con el Maestro Jesús.

A veces me es necesario dirigirme a Emaús, pero no para congojarme, sino para encontrarme con Él. Todos necesitamos en primeras y últimas instancias de su presencia. Valga la redundancia en esta ocasión, pero me urge volver a contártelo. Si estás atravesando alguna circunstancia, ¿estarías dispuesto a acompañarme y disipar una conversación en el camino?

Los dos discípulos que caminaban a Emaús arrastraban sus sandalias levantando polvo. La confusión y la angustia marcaban sus imágenes, cual atavío de silicio y ceniza. Puedo suponer, se preguntaban, uno al otro: «¡*Qué clase de Dios es ese que nos ha dejado acá solos, sin esperanza!*». Se encontraban tan absortos conspirando conjeturas infundadas que no se percataron de aquel que caminaba cerca de ellos.

Pero, de ningún modo se les puede juzgar a ellos, ya que en la agenda de nuestras vidas hay un recuento escrito de las muchas veces que anduvimos como ellos. En esta historia se refleja las muchas veces que nos hemos encontrado caminando por la calzada, por la senda empolvada de aflicción.

Hoy puedo ofrecer testimonio recordando mi aspecto anímico, de cuando con mis sandalias a rastras, la visión enclavada en el vacío y encontrándome en ese luto contristo, bañado de ceniza y silicio, no he sabido percatarme de la presencia del Señor. Él a mi lado, acompañándome, hasta que poco después abriera la luz de mi entendimiento.

En ese camino me he encontrado carente de fe y carente de visión. Los discípulos de Emaús esperaban un reino terrenal, además, perdieron de vista el reino espiritual. Me abstengo. No desearía volver a divagar en la senda bifurcada a Emaús en búsqueda de un reino terrenal; en consecuencia, podría desestimar el reino espiritual. Intento por muchos medios diferir de los errantes, viajantes, cargados de opresiones.

Muchas veces me he enrollado en el fondo de la lástima, estando aún a la sombra misma de la cruz. La causa es distracción. Dejamos de soñar y de mirar los misterios escondidos en cada detalle de la Palabra de Dios y, por ende, en eventos de la vida diaria.

Más que nunca, y en este preciso instante, tómese como una premisa. Necesitamos ser pacientes y aguardar en las promesas de Dios. Acójase al siguiente mensaje: «*El Señor no retarda su promesa. Según algunos la tienen por tardanza, sino que es paciente para con nosotros, no queriendo que ninguno perezca, sino que todos procedan al arrepentimiento*». (2 Pedro 3:9).

En cuanto a la esperanza, no es un deseo otorgado, tampoco es un favor que tiene que ocurrir. Su contenido es mayor, se expande mucho más que eso. Entiéndase bien: la esperanza es una dependencia total de Dios, quien a veces nos sorprende, encontrándonos desapercibidos, quizá a manera de prueba, observando nuestra reacción.

La historia de Emaús revela que el supuesto forastero, pacientemente y de modo amigable, habló con los exasperados discípulos, mas no se reveló de quien realmente era, sino hasta cuando acudieron a casa. Es entonces que en ese mismo lugar y allí sentado con ellos a la mesa cual cenáculo, tomó el pan, de manera que cuando lo partió, sus ojos fueron develados.

De cierto, muchas veces encaminado a desatino, seguro que el Señor camina junto a mí. No siento que se me ha revelado; aguarda en su tiempo hasta cuando llegue a mi destino. Ya no apetece ir camino a Emaús. Comprendo que es lugar de ninguna esperanza, atmósfera en penumbra para discurrir en opacadas visiones. Siempre será preferible reposar a los pies del Maestro, sumiso en obediencia, poniendo en práctica la confianza, esperando quedamente en acción de dar gracias ante su consagrado amor. Amor que redime y transforma.

En el Antiguo Testamento hay una porción bíblica que alerta enfáticamente:

Levántate, resplandece, porque ha venido tu luz y la gloria de Jehová ha nacido sobre ti. (Isaías, 60:1).

De manera que este es el día de cada día, en el cual podemos ver con claridad por encima de dudas y temores, pero a través de la luz divina. Debemos levantarnos para resplandecer sobre cualquier inquietud y entonces levantar la mirada al infinito, mientras decimos: «Gracias Abba Padre, porque permitiste que tu gloria haya nacido sobre mí».

Ahora, Señor Jesús, te agradezco por tomar tal como se encontraba mi vida y tomaste el tiempo, enseñándome tus verdades. Sin duda tú eres el Camino, la Verdad y la Vida. Gracias, porque el camino que a tientas recorro son tropiezos llenos de dudas y desconciertos.

Muy distinto es tu Camino; en tu vereda me consumo de luz y gozo. De hecho, Señor, en tus manos mi vida está más segura. Amado Maestro, purifica el entendimiento para poder percibir lo tuyo, como tú deseas que visualice más allá de lo que mis ojos naturales puedan captar.

Permíteme conocer tu propósito, aquel que dispusiste en mi vida y, aun cuando no perciba ese propósito, permite caminar por la senda de fe siempre tomado de tu mano contigo. Tu presencia me llene de luz y de esperanza. Entonces, pues, me levanto y resplandezco. ¡Amén!

Capítulo 8

ARDE EL CORAZÓN

Y se decían el uno al otro:
¿No ardía nuestro corazón en nosotros, mientras nos hablaba en el
camino y cuando nos abría las Escrituras?

(Lucas, 24:32)

Así, mediante las Sagradas Escrituras, se dan por ciertas la verdad de Dios, la humanidad y la eternidad. Entonces podemos confiar de manera racional en Dios como un Dios de propósitos.

Él no hace nada sin un propósito; todo lo que hace está exento de casualidades o hechos incidentales. Lo hace todo acorde al diseño que quiso, de manera que lo que se perciba de Él, téngase por hecho, es para el propio bien de la humanidad. Edificando individualmente lleva a cabo sus planes.

El Padre Eterno nos amó primero desde el Alfa. Nos ama y siempre nos amará. Esto implica que su corazón arde en amor ágape por sus hijos y por siempre incondicional. El apóstol Juan no pudo haber expresado el amor de Dios, de otra forma, sino como lo refiere, en Juan 3:16.

Una de su naturaleza invariable es la salvación del hombre pecador, llevándose a cabo en la obra redentora de su Hijo amado. El propósito fue el rescate por los que se habían perdido. El plan misericordioso del Cordero inmolado fue el medio a la vida eterna.

El anhelo del Padre desde el inicio es que el hombre no se conforme con su actualidad, sea cual fuere. El deseo divino de su corazón ardiente es que se obtenga lo mejor de lo mejor, porque sus bendiciones renacen cada día. No cabe duda que el apóstol Pablo tuvo motivos suficientes cuando inicia su doxología efesina:

Bendito sea Dios, Padre de nuestro Señor Jesucristo, que nos ha
bendecido en las regiones celestiales con toda bendición espiritual en
Cristo. (Efesios 1:3).

¿Cuán diferente es el amor de la humanidad para con Dios? Esto deja mucho que entrever. Quizá es preciso reflexionar que, por causa de corazones no ardientes ni anhelantes, hubo pasión, sacrificio, crucifixión, muerte y resurrección. De cualquier manera, no se puede comparar su amor con el nuestro. Fue la voluntad del Padre para nuestra salvación que Jesús muriese y resucitase.

Pese a ello, gran parte de la humanidad se apartó de Dios, apagando el enamoramiento de una pasión que hiciera que ardiera el corazón por aquel que nos amó primero. Cuán pabilos humeantes somos y cuánta ingratitud por innumerables beneficios recibidos en calidad de bendiciones. En cambio, preferimos fascinarnos con pasiones sensuales y en los pensamientos profanos le dimos morada al pecado. Pero, por la encarnación del Hijo de Dios, se cumple de cualquier modo el propósito del cielo.

El Dios Eterno es de promesas y cumple sus propósitos. Fue, es y será su voluntad morar en la humanidad, y lo hace mediante la gracia salvadora, para que el corazón del hombre vuelva arder por Él apasionadamente. Tan simple porque le place que el corazón del hombre vuelva a ser su templo.

El camino para adquirir este avivamiento es volver a Dios con un corazón contrito, pidiéndole perdón y despojándonos de toda maldad. En Jesús, Dios extiende su mano, en multiformes revelaciones a toda la humanidad para que entren en una nueva relación ferviente con Él.

La historia de Emaús (puedo decir después de observarla meditativamente) semeja a la aparición de los ángeles a Abraham y a Sara en Mamre (Génesis 18:1,15). En ambas historias, los anfitriones fallan en reconocer el significado de sus huéspedes, pero aun así, les ofrecen su hospitalidad. En ambas historias, la hospitalidad les conduce a revelación y, por ende, a bendición.

En cuanto a la historia narrada en el evangelio de Lucas, organiza su relato de la resurrección en tres partes: la tumba, Emaús y los discípulos reunidos. La primera establece a Jerusalén como un lugar de incredulidad y como el lugar de la muerte. (Lucas 24:11).

En cambio, en la historia de Emaús, separándose de Jerusalén en agonía (Lucas 24:17), se establece un suceso de revelación por medio de la Palabra para devolver a Jerusalén (Lucas 24:33,35) la tan esperada redención de Jerusalén (Lucas 24:38). Viene sorprendentemente de afuera de Jerusalén al venir Jesús mismo de afuera de Jerusalén.

La narración de Lucas incorpora un alto nivel de lenguaje sobre todo litúrgico, incluyendo «*tomando el pan, bendijo, y partió, y dioles*» (V. 30), «*Ha resucitado el Señor verdaderamente*» (V. 34), y «*al partir el pan*» (V. 35). El Cristo es revelado al contar la historia, al interpretar la escritura, como al partir el pan. Se incluye esta breve exégesis para facilitar su comprensión de manera sistemática.

Si Cleofás y su compañero no hubiesen sido persistentes, de cierto modo insinuantes en su invitación, jamás se les hubiera revelado que aquel forastero en Jerusalén era Jesús, el mismo Hijo del Dios del amor verdadero. Según la historia del viaje, el sol había declinado. Ahora el paisaje se miraba entre claro oscuro, el cielo se iba arropando en penumbras. Merecía, pues, al llegar al lugar un descanso. Después de todo, era una caminata de unas cuantas horas sobre el montañoso camino empedrado del lugar. A la hora del ángelus, era cuando caía la tarde y los labradores de campo se habían recogido a sus moradas aldeanas.

Vale la pena, en circunstancias como tales, insistir. El Señor nunca impone su compañía a nadie. Es uno quien tiene que tomar la iniciativa e invitarle como huésped de honor a nuestras vidas. Considere que se trata de un huésped celestial.

La humanidad es tan indiferente que a menudo dejan pasar la oportunidad para luego la conciencia emprenda un éxodo, buscando exilio en la lamentación por haber desaprovechado la compañía de alguien que está siempre dispuesto a caminar de nuestro lado. Ya no de un peregrino de paso, que desconoce lo acontecido con el rabí, allí en Jerusalén. Pero de un resucitado, que es un redentor celestial. El refugio esperado.

¿Cuántas veces el Señor ha tocado a la puerta del corazón, pero como la flama de la pasión de muchos está apagada, no se oye el llamado? Por tanto, en el cenáculo del ser interior no se puede partir el pan.

He aquí, yo estoy a la puerta y llamo. Si alguno oye mi voz y abre la puerta, entraré a él y cenaré con él, y él conmigo. (Apocalipsis 3:20).

No es intención juzgar a nadie, menos a los dos discípulos del camino a Emaús. Su historia me lleva en lo personal a la reflexión. Hace que sea más sensible a mi realidad, quizá muy semejante a la de muchos que decimos de boca ser seguidores de Jesucristo.

La necedad es uno de mis defectos en relación con el Señor. No obstante, de leer su Palabra, ponerme en su presencia en oración para recibir alimento del pan de vida y, aun así, mi corazón tantas veces apagado y los ojos velados, así se mantiene, ante los eventos de mi vida, todo aquello que acontece a mi alrededor. A veces me cuesta comprender que el Señor es el centro de todo. ¡Qué necio y torpe soy por ignorar su Palabra predicha!

Como los discípulos de Emaús, olvido muchas veces creer que Cristo camina a mi lado. Mi torpeza me impide ver que Él está vivo, siguiendo mis huellas. Mi necedad me hace ahogarme en mis problemas, en mis miedos, en mis dificultades, en mis desesperanzas, en mis incertidumbres.

La falta de ardor en mi corazón me impide leer en el trasfondo de su Palabra, en sus mensajes de Buenas Nuevas. Como los discípulos de Emaús, me cuesta abrir los ojos y reconocerlo. Eso, lógicamente, mitiga mi alegría, mi entrega, mi compromiso, mi vitalidad cristiana.

Pese a esta indiferencia, me doy cuenta de que soy sostenido por mi fe, porque lo busco con anhelo en mi interior, que hace que arda mi corazón de una manera intensa, apasionada. Y ese algo, que es la presencia viva de Jesucristo, me permite vencer todas las resistencias y apegos que hay en mi vida. Entonces, aguardo en la puerta de mi corazón los toques del Señor para que entre en mí y cenemos juntos en comunión de un mismo pan.

De seguro, gustosamente entrará, aun siendo el hogar más humilde. Su presencia es como la zarza ardiente que puede avivar el corazón menos o más sensible. El ansiar una cena de pan con el Señor dependerá de cada uno. Si nuestros apegos nos velan los ojos y el corazón se torna indiferente, entonces Él pasará de largo, continuará su camino, quedando nosotros, que le conocimos, en un profundo dolor y en vacío. En cambio, otros, sin la oportunidad de haberlo conocido, divagan perdidos en el mundo.

No es especulación, pero muchos inciden en esta gravísima pérdida, incluso la misma Iglesia de Cristo. Comienzan siguiéndolo. Se dice que el corazón arde por él, pero poco a poco se tornan en pabilos humeantes, llegando a desconocer a Jesucristo más de lo que le conocieron los discípulos, mientras caminaban con él, camino a Emaús.

Preparada sobre la mesa una sencilla cena de pan, en casa de Cleofás, se le presentaron delante del huésped, quien, tomando el asiento de cabecera, alzó las manos para bendecir el alimento. Los discípulos, perplejos en el acto manifiesto, lo reconocieron. El forastero extendía las manos para bendecir el alimento en la misma forma que su maestro acostumbraba a hacerlo.

Entonces, vuelven a mirarlo. Sus ojos ahora están abiertos y pueden mirar las marcas de los clavos en sus manos, mientras el resucitado desaparece. Sus corazones vuelven a arder. Exclaman juntos: «¡Es el Señor Jesús! ¡Ha resucitado de los muertos!». La noche ya estaba obscura, pero la luz de justicia resplandecía sobre ellos. Ahora, el corazón arde de gozo y alegría. Salen corriendo camino a Jerusalén, llevando las Buenas Nuevas.

Capítulo 9

PAZ A VOSOTROS

Y levantándose en la misma hora, volvieron a Jerusalén, y hallaron a los once reunidos y a los que estaban con ellos.

(Lucas 24:33, 36)

S i Él no hubiera resucitado de entre los muertos, entonces la fe cristiana no tendría validez a pesar de que Jesús mismo fue quien declaró que resucitaría de entre los muertos al tercer día siendo así, que Jesús resucitó de entre los muertos. Quedan avaladas todas las afirmaciones como verdad con esta acción de afianzar lo estipulado. El creyente puede estar seguro de que sí hay vida después de la muerte.

Estaba predicha su muerte y resurrección. Estos eventos sucedieron exactamente como él los había anunciado. Este evento está bien documentado por numerosos recursos históricos y confiables. Lucas fue uno de los más interesados en reproducir este hecho de la manera más clara y elocuente, como pudo hacerlo para que se conozca la historia como un hecho trascendente, como si se palpara con las manos, como lo hizo Tomás en su aserción:

> *Tomando Jesús a los doce, les dijo:* (V.31) «*He aquí subimos a Jerusalén y se cumplirán todas las cosas escritas por los profetas acerca del Hijo del Hombre.* (V.32) *Porque será entregado a los gentiles, y será escarnecido, y afrentado, y escupido.* (V.33) *Y después que le hayan azotado, le matarán; mas al tercer día, resucitará*». (Lucas 18:31-32, 33).

Al arribo, embozado de afán y con respiros jadeantes, retornaban a paso apurado a Jerusalén. Cleofás y su compañero, se dice, entraron por la puerta oriental, puesto que esta permanecía abierta constantemente durante las fiestas de la pascua. El ambiente era en sí oscuro, salvo los rayos de luz de la luna y el destello de estrellas en el firmamento, dando así una perspectiva al lugar de un lúgubre lugarejo.

Además, el silencio predominaba a distancia. Quizá se oiría el ladrido de algún perro, percibiendo rumores o ruido de pasos de los viajeros, quienes se encaminaban al aposento alto, lugar donde Jesús había pasado las primeras horas de la última noche antes de que ocurriera su muerte. Estaban seguros de que en ese lugar hallarían a sus hermanos de credo.

Podemos suponer que estaba entrada la noche y que ninguno de los discípulos aún se entregaría al sueño sin antes conocer qué habría sucedido con el cuerpo del Señor. Se intercambiaban diversos rumores: ¿habrían robado realmente el cuerpo o verdaderamente habría resucitado? Pero en el entorno del pensamiento, todo era sin concierto; se formaban simplemente especulaciones.

Seguramente obrando con cautela, la puerta del aposento estaba asegurada. Cleofás llamaba insistentemente, pero nadie respondía; quizá, por temor no se atrevían a responder, podían ser soldados romanos o los mismos judíos que los perseguían. Precavidamente, detrás de la puerta, permanecía el grupo en silencio.

De esta manera precaria fueron reconocidos por sus nombres y se les abrió la puerta. Entraron los caminantes a Emaús, Cleofás y su amigo, pero al mismo tiempo, sin que nadie lo notara, otro entró con ellos.

En el interior del aposento, aunque todos ardían por la misma pasión, no salían de su asombro del porqué sus amigos los visitaban a tan altas horas de la noche. ¿No habían ellos retornado a su aldea, aun siendo de día?

Quienes se encontraban en el interior del aposento inmediatamente les anunciaron que verdaderamente había resucitado el Señor, apareciéndole a Simón, quien confirmó el hecho. Por parte, los que acababan de arribar, aún jadeantes y con los rostros perplejos, anunciaron apasionados la historia redentora de cómo Jesús también se les había aparecido.

No bien terminada la historia del acontecimiento, aún persistía alguno con incredulidad; consideraba, quizá, demasiada dramática para aparentar una verdad. De pronto, entre ellos se manifestó otra persona. Sus ojos, cual pupilas dilatadas de sorpresa, se fijaron en el extraño. Pues nadie más había llamado a la puerta para entrar y estar con ellos. Tampoco se oyeron pasos de caminar. El uno al otro se miraban intrigados, mientras en sus pensamientos se preguntaban: «¿Qué significa esto?». A manera de recuento, para entonces, Judas estaba muerto. Se había suicidado poco después de traicionar a Jesús. Tomás, por algún motivo, no estaba allí. Pero los otros diez discípulos se juntaron esa noche en el aposento alto. Era ya el final del domingo, el día en que Cristo resucitó de los muertos.

Era domingo en la noche, el día primero de la semana en el calendario romano. Jesús había resucitado temprano el domingo en la mañana. Y ahora Él se les aparecía a aquellos diez discípulos el domingo en la noche. Así, el primer servicio cristiano tomó lugar el domingo en la noche. Así fue cuando el avivamiento vino: Jesús se puso en medio de ellos (Lucas 24:36).

Los discípulos tuvieron miedo cuando vieron a Jesús. Se sintieron espantados y atemorizados (Lucas 24:37). Esto muestra que ellos no esperaban que Jesús resucitara de los muertos. Él les había dicho que lo haría, pero ellos no lo habían escuchado.

Él les dijo que después de ser azotado, le matarían, mas al tercer día resucitaría (Lucas 18:33; Mateo 20:18; Marcos 10:33), pero de algún modo ellos no recordaban lo que Él había dicho. Así que estaban atemorizados cuando Él se apareció resucitado de entre los muertos. Entonces, para calmar el temor de ellos y proveerles serenidad, Jesús les dijo: «Paz a vosotros». (Lucas 24:36).

De este pasaje maravilloso de la Escritura, aprendemos de lo cierto de la resurrección de Jesucristo, como del carácter del

Cristo ahora resucitado. Contemplando Jesús a los que pensaban veían un espíritu, apaciguó sus temores.

Pero él les dijo: «¿Por qué estáis turbados y vienen a vuestro corazón estos pensamientos? Mirad mis manos y mis pies, pues yo mismo soy. Palpad y ved, porque un espíritu no tiene carne ni huesos, como veis que yo tengo». Y diciendo esto, les mostró las manos y los pies. Y como todavía ellos, de gozo, no lo creían y estaban maravillados, les dijo: «¿Tenéis aquí algo de comer?». (Lucas 24:38,41).

Ningún hecho en la historia está mejor atestiguado. La resurrección de Cristo de entre los muertos, una de las grandes pruebas de la resurrección de Cristo, es el hecho que transformó completamente a los discípulos. Cuando Jesús fue arrestado la noche antes de su crucifixión, todos los discípulos, dejándole, huyeron. (Mateo 26:56).

Después de que Cristo fue sepultado, ellos se encerraron en un aposento por miedo. (Juan 20:19). Pero después de haber encontrado al Cristo resucitado, ellos salieron como leones rugientes y predicaban a los meros hombres que habían crucificado a Cristo: *«Y en ningún otro hay salvación, porque no hay otro nombre bajo el cielo dado a los hombres en que podamos ser salvos».* (Hechos 4:12).

Los once discípulos salieron sin temor al mundo, proclamando su resurrección de entre los muertos, después de haberse encontrado con el Cristo resucitado. Nada, únicamente la muerte misma, podía detenerlos de proclamar: A este Jesús resucitó Dios, de lo cual todos nosotros somos testigos. (Hechos 2:32).

Es importante saber cómo era Jesús después de resucitar de entre los muertos. De este pasaje en Lucas aprendemos y confirmamos que: Jesucristo es el mismo ayer y hoy y por los siglos. (Hebreos, 13:8).

Jesús era el mismo después de que Él resucitó de los muertos. Y Él aún es el mismo hoy.

Él añoraba traer paz a los corazones de su pueblo. Tan pronto les apareció a ellos dijo: «Paz a vosotros». Jesús quiere que seamos felices. Mientras estaba en la tierra Él dijo: «*No se turbe vuestro corazón*». (Juan 14:1).

Sigue diciendo lo mismo hoy. Sigue tocando puertas. Él quiere que los suyos tengan su gozo en ellos, que el gozo de ellos sea completo. Aun cuando estamos en tribulación, Jesús nos murmura constantemente: «*Paz a vosotros*». Él amaba a sus discípulos, sus seguidores en el aposento aquella noche. En cambio, ellos estaban llenos de miedo y atemorizados por lo que les podría acontecer.

Pero Él vino a ellos y dijo: «*Paz a vosotros*», y entonces los discípulos se llenaron de gozo y estuvieron contentos. Él les da esa misma paz a sus discípulos hoy, paz que sobrepasa el entendimiento racional. Su aliento es continuo, anima a tener fe en Él.

Él dijo: «*Mirad mis manos y mis pies, que yo mismo soy. Palpad y ved, porque un espíritu no tiene carne ni huesos, como veis que yo tengo*». (Lucas 24:39).

Él quería que ellos supieran que Él no era un espíritu. Él les dijo que lo palparan, que lo tocaran y vieran que de verdad era Él, que su cuerpo físico realmente había resucitado de los muertos. Unos cuantos días después le dijo al Tomás dudoso: «*Pon aquí tu dedo y mira mis manos, y acerca tu mano y métela en mi costado, y no seas incrédulo, sino creyente*». (Juan 20:27).

Contemplaron ellos las manos y los pies heridos, también llagados por los cruentos clavos. Casi de inmediato reconocieron su voz, que era como ninguna. Sus ovejas reconocieron su voz, porque Él dio la vida por ellas.

«*¿Tenéis algo que comer?*», preguntó, y le ofrecieron parte de un pez asado y un panal de miel. Y Jesús tomó y comió delante de ellos. Y los discípulos se gozaron contemplando al Señor. El espíritu lleno de fe y los corazones rebosantes de gozo era lo que se podía encontrar en ellos. Quizá sería imposible describir en palabras el sentir y vivir la presencia del Salvador Resucitado frente a ellos.

Capítulo 10

INCREDULIDAD Y FE

Si no viere en sus manos la señal de los clavos, y metiere mi dedo en el lugar de los clavos, y metiere mi mano en su costado, no creeré.

(Juan 20:25)

D espués de resucitado Jesús en la noche del primer día de la semana, se apareció ante los discípulos, y puesto en medio de ellos, los saludó: «Paz a vosotros», les dijo. Luego, mostró una disposición de manifestar atención y demostrar que su aparición era real. No era la visión de un espíritu, sino que de verdad había resucitado. Mostró las manos y el costado. Eran visibles las heridas de las marcas de los clavos. Descubrían la más grande prueba de amor por el prójimo; y el costado herido, del cual brotó agua y sangre, convocaba a convencer el poder de Jesús para redimir los pecados. De todo esto se debía ser testigo y darlo a conocer al mundo.

Ellos se regocijaron. Él sopló y les dijo: «*Recibid el Espíritu Santo, dándole potestad de redimir pecados*». Pero uno de los discípulos, Tomás, no estuvo presente cuando Jesús vino y, al decirle los demás que habían visto al Señor, la inesperada respuesta de incredulidad sorprendió de manera impactante.

Pasado algún tiempo, y en repetidas ocasiones, Tomás insistía en su indiferencia; estaba resuelto a no creer. Esto es lo que mantenía renuente:

> *Si no viere en sus manos la señal de los clavos, y metiere mi dedo en el lugar de los clavos, y metiere mi mano en su costado, no creeré.* (Juan 20:25).

Se sabe que el corazón de Tomás ardía de amor por su Señor, pero irónicamente permitía que la incredulidad manipulara su fe, velando la claridad de su entendimiento y cerrando así las puertas de su corazón.

Parecería que Tomás, quien andaba con Jesús y conocía su evangelio, era un incrédulo. Hechos anteriores indican que no es así. Al contrario, este era un discípulo sumamente fiel a Jesucristo. Tanto, que hasta estuvo dispuesto a morir por Él. Antes de la crucifixión y resurrección, en una ocasión en que Jesús expresó su deseo de ir a Judea, y sus discípulos temieron que allí fuera apedreado y matado, Tomás estuvo dispuesto a acompañarlo y morir con su Señor.

«Vamos también nosotros para que muramos con Él», dijo Tomás, según (Juan 11:16). Eso demuestra fidelidad.

Comparando a Tomás con nosotros, pudiera ser que en ocasiones se distrajera y no viera o entendiera las señales del Señor. Entonces, al darnos cuenta, se hace necesario hablar con Él, cuestionarlo de ser preciso. De alguna forma, Él nos ilustrará y dará la pauta. Para que esto suceda, solo bastará escudriñar la enseñanza, manteniéndonos en fe, creyéndole al Señor lo que en su Palabra nos habla.

En una ocasión, Jesús expresó a los discípulos que pronto iría a preparar morada para ellos y que a su debido tiempo ellos conocerían el camino para llegar a la misma. Tomás pareció no entender el mensaje e interrumpió en controversia al Señor, con ingenuidad y duda:

«Señor, no sabemos a dónde vas. ¿Cómo, pues, podemos saber el camino?». (Juan 14:5). La respuesta de Jesús no se hizo esperar: *«Yo soy el camino, y la verdad, y la vida; nadie viene al Padre, sino por mí».* (Juan 14:16).

Al menos, Tomás fue un honesto y fiel creyente en Jesucristo, y nos enseña con su actitud que debemos estar seguros del evangelio que se nos predica. Él no estaba en el lugar donde le dijeron que se había aparecido Jesús resucitado. Posiblemente, temía sufrir un desengaño. No quería una experiencia de otro. Asumamos que quería vivir su propia experiencia.

Por cuanto manteniéndose en tal posición, proclamó de manera incrédula: «*Si no veo en sus manos las heridas de los clavos, y si no meto mi dedo en ellas y mi mano en su costado, no lo podré creer*». (Juan 20,25).

¿Cuestionó? Sí, exigiendo aseveración, pero esa actitud no determina que se alejó del Cristo resucitado por no haber manifestado aquella experiencia. Allí estaba, ocho días después de lo acontecido, en una casa donde se adoraba a Jesús, cuando Él se presentó, en medio de ellos, y proclamó: «*Paz para todos*».

Ese sería el día, su tiempo asignado del encuentro con el Cristo resucitado.

Cuando fue inquirido por el Señor: «*Mete aquí tu dedo, y mira mis manos; y trae tu mano y métela en mi costado. No seas incrédulo; ¡cree!*», le dijo Jesús, según Juan 20:27.

Es importante, una vez que conocemos a Jesús, que nos comprometamos con Él, hablemos, oremos con Él. Cuestionémosle si lo entendemos necesario, pero no le abandonemos, no nos alejemos de Él. Llegará entonces la oportunidad de tenerle cerca, de verlo, de tocarlo, y como Tomás, decirle: «¡Mi Señor y mi Dios!». Téngase por seguro que él nunca rechazará a nadie por haber dudado. Posiblemente cuestionará el proceder, de cualquier forma hay motivo suficiente. Pero con amor, y movido a misericordia, procederá diciendo: «*¿Crees porque me has visto? ¡Dichosos los que creen sin haber visto!*». (Juan 20:29).

Se podría interpretar como un reproche, un llamado de atención, pero no lo es. Él exhorta, pero no injuria a nadie. Tómese únicamente como una lección de fe que no exige pruebas ni explicaciones. Simplemente refleja lo que el autor y consumador de la fe dijo en Hebreos 11:1: «*Es, pues, la fe, la certeza de lo que no se ve*».

Jesús aceptó la reacción inmediata de Tomás cuando, postrado a los pies del Señor, exclamó: «*¡Señor y Dios mío!*». Con las palabras embragadas de ternura, respondió a la incredulidad: «*Porque me has visto, Tomás, creíste*». Y continuó con la enseñanza a manera de bendición del cielo: «*Bienaventurados los que no vieron y creyeron*».

No puede haber mejor lección sobre la fe a la alegada incredulidad de Tomás. Es fe que, al ser vivificada por el Espíritu, es capaz de creer, reclamar y experimentar el cumplimiento de la promesa de Dios.

¿Te preguntaste alguna vez qué significa incredulidad? Comienzo por decir que es una reserva que una persona tiene para creer en cierta cosa y cae en el escepticismo. Esto equivale a ser una tendencia y doctrina filosófica que considera que la verdad no existe o que el ser humano no es capaz de conocerla en caso de que exista.

Según el informe teologal, el escepticismo surgió en la antigua Grecia. Y esta filosofía es una barrera para creer en la verdad. Jesucristo es el camino, la verdad y la vida, y nadie llega al Padre si no es a través de Jesucristo.

¿Usted confía firmemente en las promesas del Señor? Si de veras confía, esto fue lo que Él dijo: «*El cielo y la tierra pasarán, pero mis palabras no pasarán*». (Lucas 21:33). Cuando de verdad se opera la obra redentora en la vida del hombre, se refleja en una vida de obediencia a la palabra del Señor y a todos sus preceptos.

Es nueva naturaleza, el nuevo corazón que hay en cada creyente lo que hace que obedezca a Dios, incluye ante todo un compromiso y la confianza absoluta en Dios. Para esto se necesita una conversión genuina, porque en el tiempo de Jesús, muchos creían en Él por los milagros que hacía. Muchos seguían lo espectacular, pero no amaban su preciosa doctrina, no eran nacidos de nuevo; por eso muchos, en el transcurso del tiempo, dejaban de seguirle.

Si se desea hacer una comparación, también ocurre en la actualidad.

Por el amor abnegado a Dios, no reincidamos en ello. Sigamos a Jesús por convicción, no siendo sensoriales, emocionales. Caminemos en el espíritu, caminemos por fe recordando siempre lo que enseñan las escrituras, de manera que, cuando se nos escudriñe el corazón, nos hallen justos: «*Mas el justo por la fe vivirá*». (Romanos 1:17).

Imaginemos que si el mundo continuara inclinado a aquellos pensamientos reprobados de Tomás, entonces sería igual, que nadie creería en la salvación. Porque todo aquel que recibe a Cristo está comprometido a ofrecer testimonio para la conversión de otros.

En la actualidad, aún se puede percibir esta modalidad de incredulidad encubierta en meras disculpas, parafraseando la expresión de Tomás, mientras sus compañeros en la fe creían.

¿Cuántos cristianos incrédulos están dentro de la Iglesia? Parece extraño, pero es la realidad. Somos cristianos que en muchas ocasiones no creemos a Dios las promesas de su palabra que van conforme a su perfecta voluntad. Dios es Soberano y en ocasiones nuestra alma no tiene descanso en Dios, porque todo lo que nos pasa pareciera estar en contra de todo lo que nos hablaron del evangelio.

Pero sustenta la palabra del Señor: «*Que a los que aman a Dios, todas las cosas les ayudan a bien*». (Romanos 8:28). Muchas veces, el alma no tiene descanso en la fidelidad y en las promesas de Dios. Ocurre esto cuando alguno no cree en la Biblia, sopesando que la Biblia afirma que estas cosas son verdad para creerse.

En Romanos 15:13, la Palabra exhorta lo siguiente: «*Y el Dios de esperanza os llene de gozo y paz creyendo para que me abundéis en esperanza por la virtud del Espíritu Santo*». Él es quien nos da la seguridad de todo lo que nos promete.

Entonces, ¿cuál es su objetivo principal de la vida cristiana? Le diré que el único fin que se percibe es estar un día con Cristo en su reino celestial, esa es la meta. Recuerde bien la escena, cuando Jesús se aparece a los discípulos. Tomás no se encontraba y, cuando llega, le dicen los discípulos: «*Tomás, hemos visto a Jesús*», y él no creyó. Era un discípulo sensorial, quería oírlo, verlo y tocarlo, como muchos incrédulos hoy día. Como muchos creyentes que quieren milagros, pero no están dispuestos a someterse a la obediencia.

Vemos cómo una semana más tarde, Jesús se volvió a aparecer a los discípulos. Allí estaba Tomás y le dijo Jesús: «*Mira que soy yo. Pon tu dedo en mi mano y mete tu mano en mi costado*». (V.29). Jesús le dijo: «*Porque me has visto, Tomás, creíste. Bienaventurados los que no vieron y creyeron*».

Identifiquémonos de manera genuina y en verdad al amor y misericordia de Jesucristo redentor, reconociendo sin dudas ni inferencias que Jesús es el Salvador crucificado.

Quien al tercer día resucitó de entre los muertos y ahora está sentado a la diestra del Dios Padre, quien puede decir que toda potestad le fue dada en el cielo y en la tierra (Mateo 28:18). Entonces, en muchos labios brotarán la aceptación y reconocimiento de Tomás:

¡Señor mío y Dios mío!

Capítulo 11

FIDELIDAD

Y pasaban por todas las ciudades y aldeas,
enseñando y caminando a Jerusalén.
Y díjole uno: «Señor, ¿son pocos los que se salvan?».
Y él les dijo:
«Porfiad a entrar por la puerta angosta,
porque os digo que muchos procurarán entrar y no podrán».

(Lucas 13: 22, 23,24)

Recorriendo desde un horizonte dilatado las Escrituras, encontramos que está llena de conversiones, diálogos de personas refiriéndose al Señor. Iniciaron su conversión, motivados y alegres, pero en el transcurso del peregrinaje de la cristiandad se observa en muchos que terminaron desairados.

En muy notoria cantidad de personas desalentadas, que incidieron en un sentimiento de melancolía o pesadumbre, excede a lo común y regular. Este comportamiento hacer recordar aquella pregunta que alguien le hizo a Jesús: «Señor, ¿son pocos los que se salvan?» Y Cristo les contestó: "Porfiad a entrar por la puerta angosta, porque os digo que muchos procuraran entrar y no podrán"». (Lucas 13: 22, 23,24).

De ahí surge la pauta de que toda la vida de un discípulo de Cristo es una vida de continuos esfuerzos por mantenerse en los aprestos de la fe de Jesucristo, porque los poderes que se oponen a la sana doctrina hacen que tengamos que vivir esforzándonos y luchando continuamente contra nuestra batalla interna de oposición. Por esto, se debe caminar con el atuendo de fidelidad, conforme a la verdad que expresa la fe, vestido de toda la armadura de Dios.

La vida de fe que se lleva solo podrá ostentar victoria según el lugar donde la posicionemos. En una porción bíblica se advierte de que se levantarán falsos cristos, también surgirán falsos profetas; queda establecido que estos darán grandes señales y prodigios con los cuales se prestarán para engañar y confundir, aun a los escogidos. (Mateo 7:24-25).

Cuando la fe cristiana está en o sobre el fundamento de Cristo y su palabra, aunque soplen las tormentas adversas del mundo y se impacten con todo su furor en nuestras vidas, esta permanecerá, porque nuestra fidelidad en Dios sobrepasará aun por encima de la misma muerte. Únicamente se deberá llevar un corazón ardiente, fiel y apasionado; es el legado del Señor. Dirija su mirada a la tumba; está vacía. El Señor verdaderamente ha resucitado. No esperes que se te pregunte: «¿Por qué estás turbado y suben pensamientos a tu corazón?».

Como se decía en un inicio, recorriendo las huellas de las Escrituras, encontramos que está llena de ejemplos de creyentes que se iniciaron a edificarse con la Palabra, pero no terminaron lo que empezaron. Y no solo esto, sino que tuvieron unos comienzos halagüeños, pero unos finales llenos de tristeza y sufrimiento.

Pero esto no da el derecho para que se les juzgue; nadie está exento de reincidir en infidelidad. Pudiera ser un amigo, un hermano en la fe o un ministro que obra a favor de la Iglesia, a menos que su convicción esté asentada en el asidero firme de fidelidad.

¿Qué palabra es la del Salmo 36:5?: «*Jehová, hasta los cielos es tu misericordia; tu verdad hasta las nubes*». Mucho más allá de toda la comprensión finita se encuentra la fidelidad inmutable de Dios. Todo lo que se refiere a Dios es grande, vasto, incomparable. Él nunca olvida, nunca falla, nunca duda, nunca es infiel a su palabra.

El Señor se ha ceñido exactamente a cada declaración de promesa o profecía. Cumplirá cada pacto o advertencias porque «*Dios no es hombre para que mienta, ni hijo de hombre para que se arrepienta. Él dijo: "¿Y no hará?". Habló: "¿Y no lo ejecutará?".* (Números. 23:19). *Por tanto, el creyente fiel exclama: "Nunca decayeron sus misericordias. Nuevas son cada mañana; grande es tu fidelidad"*». (Lamentaciones. 3:22, 23).

Nos prestamos algunas historias para aprender que, si se persevera en la fidelidad de lo que inicialmente creímos, muy pocas veces o casi nunca seremos confundidos. En las Escrituras abundan las ilustraciones de la fidelidad de Dios. Hace más de cuatro mil años dijo: «*Todavía serán todos los tiempos de la tierra; la sementera y la siega, el frío y calor, verano e invierno, y día y noche, no cesarán*». (Génesis. 8:22).

Cada año que llega brinda un nuevo testimonio del cumplimiento de esta promesa por parte de Dios.

En Génesis 15 encontramos que Jehová le declaró a Abraham: «*Tu simiente será peregrina en tierra no suya, y servirá a los de allí... Y en la cuarta generación volverán acá*». (V. 13-16). Los siglos pasaron sin pausa. Los descendientes de Abraham se quejaban en medio de los hornos de ladrillos de Egipto. ¿Había olvidado Dios su promesa? Por supuesto que no.

La siguiente enseñanza se encuentra en Éxodo 12:41: «*Y pasados cuatrocientos treinta años, en el mismo día salieron todos los ejércitos de Jehová de la tierra de Egipto*».

Por medio del profeta Isaías, el Señor declaró: «*He aquí, una virgen concebir, y parirá hijo, y llamará su nombre Emmanuel*». (Isaías 7:14). Nuevamente, pasaron siglos, pero: «*Mas venido el cumplimiento del tiempo, Dios envió su Hijo, hecho de mujer, hecho súbdito a la ley*». (Gálatas 4:4).

Dios es verdad. Su Palabra de promesa es segura. Dios es fiel en todas sus relaciones con su pueblo. Se puede confiar plenamente en Él. Hasta ahora, nadie ha confiado en Él en vano. Encontramos esta valiosa verdad expresada en casi todas partes en las Escrituras, porque su pueblo necesita saber que la fidelidad es una parte esencial del carácter divino.

Esta es la base doctrinal de nuestra confianza en Él. Pero hay diferencias en aceptar la fidelidad de Dios, como una verdad divina, y otra actuar de acuerdo con ella. Dios nos ha brindado un torrente de preciosas y grandísimas promesas, pero ¿realmente esperamos que las cumpla?

¿Estamos realmente esperando que haga por nosotros todo lo que ha dicho? ¿Nos apoyamos en la seguridad implícita de estas palabras? De ser así, está garantizada su promesa, subyugados constantes a la profesión de nuestra fe sin vacilar, porque: «*Fiel es el que prometió*». (Hebreos 10:23).

Hay temporadas en la vida de todos, cuando nada es fácil, ni siquiera para los cristianos, creer que Dios es fiel. Nuestra fe es puesta a prueba, nuestros ojos están llenos de lágrimas, y ya no podemos distinguir la obra de su amor. Nuestros oídos están distraídos con los ruidos del mundo, acusados por los susurros ateísticos de Satanás, que nos impide escuchar los dulces acentos de su quieta y apacible voz.

Dijimos que nadie está exento a vientos foráneos de infidelidad, por esto se debe mantener subyugados a la fe sin fluctuar, para poder discernir y comprender, de una vez y por todas, el propósito de la obra redentora de su amor por el prójimo.

Nuestros oídos están distraídos con los ruidos del mundo, acusados por los susurros incrédulos de Satanás, que nos impide escuchar los halagüeños acentos de la quieta y apacible voz del Señor. Planes anhelados se han esfumado, amigos en quienes confiábamos nos fallaron. Alguno que profesaba ser hermano o hermana en Cristo nos defraudó. Entonces, quedamos pasmados, atónitos, en el ámbito de la intriga y la incógnita.

Quisimos ser fieles a Dios y ahora un presagio tenebroso, cual nube oscura, lo esconde de nuestra vista. Nos resulta difícil, sí, hasta imposible por razones carnales, armonizar su providencia severa con sus promesas llenas de su gracia. ¡Oh! Alma que flaquea, compañero peregrino que ha sido probado duramente, busque la gracia para atender lo que dice. (Isaías 50:10):

> *¿Quién hay entre vosotros que teme a Jehová y oye la voz de su siervo? El que anda en tinieblas y carece de luz, confíe en el nombre de Jehová y apóyese en su Dios.*

En circunstancias que sienta ser inducido a probar la convicción de uno, con intrigas dudosas, que infieren a dudar de la fidelidad de Dios, clame a Él y será fortalecido. Igual, buena sea la ocasión para reprender a Satanás, que no tiene arte ni parte en los propósitos del Padre. Aunque no pueda armonizar los tratos misteriosos de Dios, con las declaraciones de su amor, espere en Él hasta recibir más luz. En el momento adecuado, se lo hará ver con claridad.

Le dijo Tomás: «*Señor, no sabemos a dónde vas. ¿Cómo, pues, podemos saber el camino?*». (Juan 14:5).

Le dijo Felipe: «*Señor, muéstranos el Padre, y nos basta*». (Juan14:8).

Jesús le dice: «*¿Tanto tiempo hace que estoy con vosotros y no me has conocido, Felipe? El que me ha visto, ha visto al Padre. ¿Cómo, pues, dices tú: muéstranos al Padre?*».

En otra parte de las Escrituras, Simón Pedro inquiere a Jesús: «*Señor, ¿tú me lavas los pies?*». Respondió Jesús y díjole: «*Lo que yo hago, tú no entiendes ahora; mas lo entenderás después*». (Juan 13:7).

Nunca juzgues al Señor con la debilidad de los sentidos. En cambio, confía en que te hará objeto de su gracia. Detrás de una disposición pretendida, que solo arruga la frente, se encubre un rostro que emboza una sonrisa.

Apropiarnos de la bendita verdad con fidelidad detendrá nuestras conjeturas. El Señor sabe qué es lo mejor para cada uno de nosotros, y uno de los estímulos de descansar en esta verdad será silenciar nuestras presunciones. Enaltecemos grandemente a Dios cuando atravesamos por pruebas y disciplinas que vienen a ser nuestro caminar por Emaús. Teniendo buenos y sanos pensamientos acerca de Él, vindicamos de hecho su sabiduría y justicia, y reconocemos su amor justamente en sus represiones.

Apropiarnos de esta bendita verdad engendrará una confianza en Dios que va aumentando. Cuando confiadamente nos ponemos nosotros mismos y ponemos todos nuestros asuntos en las manos de Dios, plenamente convencidos de su amor y fidelidad, nos sentiremos satisfechos con sus providencias y comprenderemos que Él hace bien todas las cosas.

> *Y, por eso, los que son afligidos según la voluntad de Dios, encomiéndenle sus almas, como a fiel Creador, haciendo bien.* (1 Pedro 4:19).

Capítulo 12

INTEGRIDAD

Y pasaban por todas las ciudades y aldeas,
enseñando caminando a Jerusalén.
Y díjole uno: «Señor, ¿son pocos los que se salvan?».
Y él les dijo:
«Porfiad a entrar por la puerta angosta,
porque os digo que muchos procurarán entrar y no podrán».

(Lucas 13: 22, 23,24)

En este onceavo capítulo de Forastero en Jerusalén, engrana perfectamente un concepto que requiere ser observado por cuanto es fundamental que se defina cuán honestos e íntegros somos en nuestra relación con el Señor.

Este juicio trata de la integridad, de manera que esto compete en forma intrínseca en la vida cristiana. Entonces, vamos a rogarnos si estamos o no al margen del concepto

En términos sencillos, podemos decir que es la capacidad de todo ser humano de ser probado en cualquier área de su vida y salir airoso. Si usted o mi persona estamos andando en el temor del Señor, sin duda estaremos consolidando al término integridad.

Este concepto adjunto al temor del Señor no es la idea de mirar a nuestro amado Dios como un Dios castigador. Por el contrario, desde la perspectiva divina se le mira como un Padre amoroso. Es por esto que en el nuevo pacto ya no se anda cumpliendo los preceptos de la ley que Él dispuso para su pueblo de manera obligada, sino más bien, ahora es que se profesa por amor. Es así que integridad y caminar en el temor del Señor se reflejan en un hombre recto y transparente.

A través de esta reflexión, presentaremos un en- foque acerca de estas características que debe prevalecer en cada vida cristiana o secular. En igual forma es aplicable en nuestras congregaciones para, de esta manera, poder tener la multiplicación y el crecimiento al cual Dios nos llamó a cada uno acorde a su propósito.

Una persona es considerada íntegra, completa, entera cuando no le hace falta complementar o adicionar algo a su forma de ser. Alguien que no tiene mezclas o doble ánimo, alguien que no tiene mancha moral, que está exento de corromperse, completo, unificado. Es la persona que tanto sus palabras como sus acciones son idénticas.

Lo que dice y hace en público lo dice y hace en privado. Entonces, tiene la capacidad de manifestar abiertamente: soy quien soy donde quiera que esté y con quién esté, sea con la familia, el trabajo o en la misma iglesia, de la cual soy congregante.

Veamos ahora a la luz de la palabra que para servir a Dios es imprescindible hacerlo con integridad. En el AT encontramos un mensaje que corrobora el tema. Josué, en su discurso de despedida, exhorta al pueblo a temer a Dios y servirle íntegramente. Es verificable y aplicado en Josué 24:14:

Ahora, pues, temed a Jehová y servidle con integridad y en verdad...

Esto denota un servicio perfecto con todo nuestro fidedigno corazón, ardiente, transparente y ejemplar.

Recordemos y tomemos en cuenta que se dijo que somos la sal de la tierra y la luz del mundo (Mateo 5:13,14). El amado por todas las gentes fue quien encomendó esta comisión. Sus palabras son vigentes ayer, hoy y por siempre. Nuestros oídos y corazón, deben percibir en todo tiempo la dulce voz del Pastor de pastores.

Este encargo que se nos dio compromete a mostrarnos íntegros en toda ocasión, no mostrando apariencia ni ocultando nuestras debilidades y faltas. Esto no significa ir por todas partes demostrando nuestras debilidades, pero sí estar dispuestos a que nos vean tal como somos, en lo bueno y lo malo.

Con respecto a la sal, ¿qué es y qué hace? Se describe como una substancia blanca cristalina; en química se la clasifica como cloruro de sodio. Sirve para sazonar manjares, da sabor y gusto a la comida, pero en particular preserva evita que se corrompan los alimentos.

Ahora bien, si la sal pierde su sabor, ¿con qué será salada? En el evangelio sinóptico de Mateo se puede conferir la mención (Mateo 5:13). Nuestro Señor Jesucristo hace esta pregunta, y la verdad es que, si somos la sal de la tierra, es necesario que permanezcamos en nuestra esencia con el sabor de la unción del Espíritu Santo, para de esta manera preservar y sazonar esta tierra.

Ya es tiempo que dejemos de ser insípidos y cumplamos la función como sal de la tierra y luz del mundo. Por otra parte, en (Isaías 60:1) se exhorta de manera implícita pero urgente:

Levántate, resplandece, porque ha venido tu luz, y la gloria de Jehová ha nacido sobre ti.

En cuanto todo lo que resplandece, lo que ilumina y lo hace visible, por la claridad que irradia, es la luz. En el concepto doctrinal es un tipo de influencia. La luz del creyente es su influencia. La única manera de establecer el reino de Dios aquí en la tierra es a través de la influencia, y esto viene cuando somos íntegros.

Si andamos en integridad con nuestros hechos, ejercemos influencia a otros. No cabe duda de que esta influencia se establece a través de las relaciones. Si un ministro líder no se relacionase con hermanos de la fe, así como los hermanos con el líder, imposible ejercer alguna influencia sobre ellos.

En lo que respecta a este servidor, por costumbre llevo una agenda de notas cada vez que mi líder espiritual, el pastor Juan Eduardo Pérez, exhorta o enseña, estando congregado en la iglesia La Gloria de Dios. Valga la oportunidad de encarecer lo que dice, que primero es el ser y luego el hacer. No tengo nada que objetar, pero sí mucho que agradecer por la enseñanza. Aplicando el concepto respecto al líder, es primero ser y después hacer.

Es, pues, la habilidad de inspirar a otros para llegar a hacer y llenar su llamado, sirviendo él mismo como ejemplo. Inspirar es lo opuesto de intimidación y manipulación. Inspirar va inclusive por encima de la motivación. Es infundir en el ánimo, afecto, ideas. Es la iluminación de Dios en el entendimiento. Inspiración es la forma más pura de influencia. Hasta tanto no exista una relación directa con alguien, ese alguien no podrá ser influenciado.

Ahora comprendo la importancia de ser primero y luego hacer. Cuando se logra ganar la confianza de uno, entonces el otro va a permitir la influencia. El fundamento de la confianza es la integridad. Cuando se da la palabra y después se cumple, esa palabra ofrecerá confianza. En cambio, si es inconsistente con el incumplimiento de la palabra, es obvio que se pierda la confianza y, por ende, el afecto en lo referente a la influencia para servir y ayudar.

Observemos otro enfoque de la integridad. En el área de la administración de determinadas congregaciones es la clave para una mayordomía eficaz y una prosperidad abundante, como en la vida personal. Así de importante es la integridad.

Esto conjuga bien porque, si somos íntegros con los recursos que Dios nos ha dado, eso nos lleva a aumentar lo que tenemos en cosas materiales y espirituales. Puede considerarse que hay integridad en una persona cuando es honesta consigo misma y se da a conocer tal como es en sus fortalezas y debilidades y, a la misma vez, existe un compromiso de mejorar sus debilidades.

Volvamos a la historia de los caminantes de Emaús. Cleofás y su compañero estaban desanimados, tristes, confundidos y todo lo demás, pero, cuando sus ojos fueron abiertos y el corazón volvió a palpitar ardientemente al reconocer al Señor resucitado cuando les partió el pan, ambos volvieron a amar con integridad a Jesús. Un corazón solo puede arder como tal cuando mora la integridad en él.

En el trato que aconteció a Tomás, el Señor Jesucristo aprovechó para darles una enseñanza a sus seguidores. El hecho demuestra cómo se debe tratar a los seguidores cuyo ánimo y fe se debilitan. En ningún momento Jesús agobió con reproches ni amonestas, sencillamente se reveló al que dudaba. Con amor y misericordia rompió el protocolo de la disciplina. Cuando uno reconoce la integridad del Señor, comparada con la nuestra, de cada labio brotará el reconocimiento de Tomás, exclamando: «¡Señor mío y Dios mío!».

La integridad ayuda a discernir entre la luz y las tinieblas. Barrabás es figura de aquel que quebranta la ley. La Biblia nos describe a Barrabás como un delincuente muy conocido, un homicida (Lucas 23:25) y ladrón (Juan 18:40). Su nombre, Barrabás, significa hijo de deshonra, hijo de confusión, hijo de vergüenza.

Es figura, pues, de aquel hijo que deshonra a su padre por su corazón rebelde y no sometido a la ley. Aquí es donde la formación divina adquiere un inmenso valor.

Jesús es figura del justo y sin delito. Pilato y su esposa sabían que Jesús era íntegro, sin mancha, honesto, recto, ajustado a la ley. Era acusado injustamente; le habían entregado por envidia, no había hecho sino el bien. El nivel de santidad está determinado por la suma de buenas decisiones.

Pilato ofrece una opción a la multitud, una opción entre la maldad y la justicia, entre las tinieblas y la luz, entre el pecado y la santidad. Irónicamente, la multitud fue influida por la mordaz de los sacerdotes y ancianos farisaicos.

El hombre íntegro y que camina en el temor del Señor agrada a Dios. Es quien ha comprendido la grandeza del Padre, quien nos amó de tal manera que sacrificó a su Hijo Jesús en la cruz por nuestros pecados; en esto se incluye la reconciliación con el Padre celestial. El cambio se refleja en nuestro crecimiento espiritual de quienes somos hoy en Cristo.

Todos tenemos áreas en las que necesitamos trabajar en la integridad. Si hemos fallado y lo reconocemos, la solución es arrepentirnos y apartarnos de ese camino. La integridad nos da confianza con otras personas. Los que nos rodean confiarán en nosotros cuando no tratemos de ocultar nuestros errores, sino que los reconocemos. A la gente no le importa que tengamos defectos, le interesa que no aparentemos y que mostremos lo que realmente somos.

La integridad nos hace andar confiados: no hay temor del qué dirán o me descubrirán. La integridad nos hace habitar en la presencia de Dios y nos impide resbalar (Salmos 15:1-5).

Al aproximarnos al final del recorrido, recordemos que todos en alguna manera somos caminantes. Tarde o temprano nos encontraremos emprendiendo el viaje a Emaús y, junto a nosotros, el forastero de Jerusalén. Sabe Él que nuestro corazón está vinculado con el suyo por el mismo amor que nos prodigó primero.

Nuestro viaje vespertino ha estado empedrado de conjeturas por las mismas cargas de la vida que a veces nos conmueve e irrumpimos en llanto. Pero nuestro acompañante incansable, quien conoce hasta lo más íntimo de nuestro corazón, anhela enjugar nuestras lágrimas para llenarnos de gozo y alegría. Pero, primero, recibamos su enseñanza, la cual nunca olvidaremos.

Y nos dice: «¿Somos íntegros de corazón para hacer lo que nos mandó que hiciéramos?». Podemos aguardar en un tiempo separado para él. Después de todo, nuestro recorrido ha sido largo y con altibajos, haciendo oportuno entrar en reflexión. Meditemos, que es el mejor momento para reconocer nuestra realidad ante Él invitándole a que se quede en casa; de cualquier modo, habrá sombrío en la noche oscura, en su presencia siempre habrá claridad.

Se hace tarde y el día ya ha declinado. El Señor Jesucristo siempre accederá a nuestro ruego si persistimos en invitarlo. Entrará y se sentará con nosotros, compartiendo una sencilla mesa de pan. Hagamos juntos la siguiente oración:

«Padre Celestial, vengo ante tu presencia. En el nombre del Señor Jesús, me comprometo a ser una persona con carácter de integridad. De hoy en adelante, trataré a los demás como me gustaría ser tratado; viviré según los principios de integridad sin importar las circunstancias de la vida. Padre amado, reconozco que no soy perfecto, traigo conmigo errores. Quizá tenga mucho de qué avergonzarme, pero con integridad me postro ante ti y admito aquellas cosas, reconociendo: "ese fui yo".

Ahora siento el alivio, ya no me avergüenzo. Estoy amparado en el perdón tuyo, en la misericordia tuya, y en la gracia que restaura. Hoy ruego, Señor, que Tú, a través de tu Santo Espíritu, me ayudes a mantener una conciencia sensible, pero, sobre todo, íntegra delante de ti. ¡Amén!».

La noche podrá estar oscura, pero después de partir el pan, su sol de justicia resplandece con integridad sobre nosotros. Ahora el corazón arde de gozo y alegría. Volvamos apresurados a Jerusalén, anunciando que hay esperanza para los que aún no lo conocen; esperanza de salvación para este tiempo y para poder entrar a la eternidad.

La integridad hace que Dios dirija su mirada desde el cielo y nos restituye. No hagamos lo que el mundo hace, hagamos lo que su Palabra dice: que la única preocupación sea agradar a Dios.

Epílogo

MURIÓ COMO JUSTO POR INJUSTOS

Y como el centurión vio lo que había acontecido, dio gloria a Dios diciendo: «Verdaderamente este hombre era justo».

(Lucas 23: 47)

J esús murió como el justo por los injustos. Su obra redentora, que para algunos parecería desconcertante, dio los frutos que el Señor esperaba.

El sacar el cuerpo de Cristo tiene lugar no por iniciativa de las mujeres, tampoco de los demás conocidos, más bien de una persona aún desconocida que no había sido citada antes en este evangelio, pero que ahora se aproxima para sacar el cuerpo de Cristo y sepultarlo.

Esta persona a la cual nos referimos es José de Arimatea, por cuanto, se le menciona en este desenlace. Miembro del sanedrín, según algunos intérpretes, según otros del gobierno de alguna ciudad. Lucas lo describe como un varón bueno y justo, que también esperaba el reino de Dios.

Probablemente había prestado oído a la predicación de Juan el Bautista. Ante su preocupación por el entierro de Jesús se ve que le reconoció como el Ungido de Dios. No estuvo de acuerdo con todo lo hecho por los líderes. Él hace uso de su alto cargo para presentarse ante Pilato y pedir el cuerpo de Jesús.

Logrando que se le concediera el permiso, quitó de la cruz el cuerpo de Jesús, lo envolvió en una sábana y lo puso en un sepulcro abierto en una peña en el cual aún no se había puesto a nadie. (Isaías 53,9). Todo debía hacerse en forma rápida, ya que era el día de preparación del sábado tan especial de la Pascua, y en seguida comenzaría el día de reposo.

Las mujeres lo siguieron y volvieron con especias aromáticas y ungüentos, según la costumbre, para disipar el fétido olor de la muerte. Sin embargo, por respeto hacia el día de reposo, tuvieron que esperar un día. Jesús fue sepultado, llevando hasta el fin nuestra culpa. Así hizo que nuestro sepulcro se convirtiera en un hogar de esperanza hacia la resurrección final.

La historia relata que en aquellos días se vivían momentos de conmoción. Jerusalén estaba tomada por un gobernador romano cuyo tribunal estaba a cargo de Pilato. El pueblo convulsionado por influencias fariseas manipulaba un menosprecio hacia Jesús. Pilato no sabía qué hacer con Jesús. Por otro lado, Herodes menosprecia profundamente a Jesús.

Este último deseaba verlo, pensando que era Juan, el Bautista. Por tanto, no era un interés genuino, sino el deseo de satisfacer la curiosidad. Por ello, Jesús guardó silencio ante él. Es terrible cuando Dios no quiere hablar más con nosotros y se retira de nuestra presencia en un silencio absoluto. La amistad entre ambos gobernadores fue para silenciar su conciencia, fue una especie de la comunión de los no santos.

No obstante, ni Pilato ni Herodes fueron capaces de impedir que se cumpliese la voluntad de Dios. Jesús no murió debido a la actitud indecisa de Pilato o el menosprecio de Herodes, sino según el plan de Dios, del cual ambos gobernadores eran simplemente los ejecutores. Reconozcamos este extraordinario plan llevado a cabo para nuestra salvación, buscando la comunión con todos aquellos que aman de corazón.

El gobernador Pilato tuvo que manifestar en persona al pueblo judío la inocencia de Jesús. Herodes lo hizo indirectamente al volverlo a enviar a Pilato. La petición del pueblo, ante la cual Pilato cede, es la única explicación de la muerte de Jesús. Él reemplazó a un criminal, así fue el sustituto de todos los impíos que confiesan su culpa a Dios y le piden perdón en base al sacrificio de su Hijo.

En otra escena de la narración, se presenta a las mujeres que contemplaron a Jesús en su recorrido al Calvario, recorriendo la vía crucis con la mirada a distancia; lloraban por Él. Parecería lógico sentir pena por alguien que atraviesa una serie de adversidades. Pese a ello, esta determinación no es la adecuada aplicada a Jesús.

Él no moría como señal de impotencia, sino de amor. La gente no debe sentir lástima por el sacrificio de Cristo, más bien deben sentir congoja por su futura condición de condenación si no se arrepienten. Esto nos quiere decir que no se debe llorar por Jesús sentenciado a la muerte. En cambio, lloremos por nosotros mismos si aún no nos hemos arrepentido.

Jesús sufrió inocentemente. Así que, si no nos arrepentimos y ponemos nuestra fe en Él, seremos echados como árboles sin frutos en el fuego eterno. Aún hay tiempo de buscar la salvación en el Cordero, quien se dejó echar en las llamas de la ira de Dios por nosotros.

En cuanto a los suyos, refiriéndonos a su pueblo, los que no le recibieron mostraron indiferencias a causa de su ceguera espiritual. Ridiculizar al Señor significa no conocerse a sí mismo como pecador por quien Jesús debió morir. A esto se adhiere el desconocer la misericordia de Dios, que hizo morir a su propio Hijo por nosotros los pecadores, en sí, por toda la humanidad. Oremos por todos los que menosprecian al Señor. Sigamos el ejemplo de Jesús para que Dios abra sus ojos, y puedan ver la realidad de sus vidas, de manera que sean conducidas al arrepentimiento.

Una característica del arrepentimiento genuino es aceptar el castigo que merecemos: *Nosotros, a la verdad, justamente padecemos*, realza el autor del evangelio en Lucas 23:41. Lo sorprendente de admitir el haber infringido es que, aquel que se condena a sí mismo, es absuelto. El ladrón crucificado al lado de Jesús recibió acceso al paraíso. Así se indica en el verso 43: «*El lugar de absoluta inocencia en la presencia de Dios. Quien reconozca su culpa, aun en el último instante, de seguro encontrará la puerta abierta para la comunión eterna con el Dios Padre*».

El Padre celestial aceptó al instante el sacrificio de Jesús. Inmerso y movido a ternura, rasgó en el acto el velo del templo. Él no vive más allí. El sacrificio único de Jesús es suficiente para todos nuestros pecados, poniendo fin de tal manera a los sacrificios de animales. Todo pecador que se acerca a Dios por medio de la sangre derramada por Jesucristo lo encontrará como un Dios de gracia.

En cuanto a José de Arimatea, lo único que pudo hacer fue sepultar a Jesús. Aquellas mujeres que lloraban solo pudieron mirar de lejos, y después de la muerte preparar especias aromáticas. Tan siquiera pudieron realizar la unción del cuerpo de Jesús. Sepamos considerar que, contra la impotencia del ser humano se manifiesta el poder del Dios Padre.

La tumba de Jesús fue un aposento temporal; su cuerpo reposó ahí poco tiempo. Y aunque somos nosotros los que deberíamos estar eternamente en ella, su tumba nos predica. Esta es su habitación transitoria, solo un momento, y todos los creyentes estaremos en nuestro aposento celestial por siempre.

Los pasajes se encuentran en el compendio del evangelio de Lucas, a partir del capítulo veinticuatro, seguido por los versos del uno al doce. Después de la muerte de Jesús, algunas mujeres se acercaron a la tumba en donde, según ellas, yacía su cuerpo. Sin embargo, a pesar de que visitaron el sepulcro el primer día, siendo muy de mañana, se encontraban muy distantes del Jesús vivo.

Una vez que hubieron llegado cerca de la tumba, descubrieron que la piedra no estaba en su lugar, había sido removida, advirtiendo, además, que el cuerpo de Jesús ya no estaba allí. La distancia hacia el Maestro parece ahora aún mayor que la que había hacia su cruz.

Cuando observaban perplejas estas mujeres, inesperadamente se presentaron ante ellas dos varones con vestiduras resplandecientes. Así los describe Lucas. Esta clase de atuendo indica su origen celestial, mientras que el número dos da plena certeza a sus palabras como testigos (ver Deuteronomio 19:15 y Mateo 18:16).

Los ángeles, al notar el temor y gran respeto de estas mujeres, las consuelan, diciendo: «*¿Por qué buscáis entre los muertos al que vive?*». Las mujeres, aunque llegaron muy temprano, igual lo hicieron demasiado tarde. Están buscando a un muerto en vez de a uno que vive, quien ha resucitado.

El Jesús vivo no está en el sepulcro, así lo afirman los ángeles, al decir: «*Él no está aquí, sino que ha resucitado*». Las palabras de los ángeles no son nuevas. Las mujeres habían podido saberlo, pues Jesús ya había anunciado su muerte y resurrección estando en Galilea: «*Es necesario que el Hijo del Hombre sea entregado en manos de hombres pecadores, y que sea crucificado y resucite al tercer día*». (Lucas 24:7).

Los ángeles predican la Palabra del Señor. La Palabra de Dios es el fundamento de la fe. Las mujeres se acordaron de las palabras de Jesús y creyeron lo que han dicho los ángeles, aunque todavía no han visto a su Señor. El sepulcro está vacío y las palabras de los ángeles, es decir, las palabras de Jesús (compare v.7) con Lucas 9:22 y 18:31,33, forman la base firme de la fe de las mujeres

Ellas con premura dieron a conocer el acontecimiento de todas estas cosas a los discípulos y a todos los que seguían a Jesús. Pero ellos no creyeron lo que estas decían, les parecía una locura, quizá alucinaban por el ánimo deprimido. Aunque podemos entender la incredulidad de ellos, ante los ojos de Dios, esta era un pecado grave.

Los discípulos no solo actúan con incredulidad ante las palabras de las mujeres, sino también ante las de Jesús mismo, puesto que Él ya había predicho su muerte y resurrección. Solo Pedro (el evangelio de Juan nos dice que Juan también le acompañó) corrió al sepulcro y, al ver todo, en especial los lienzos abandonados, sintió como si Jesús se hubiera levantado y los hubiera ordenado cuidadosamente.

Como podemos apreciar en la base bíblica, Lucas es el único que relata la historia de los dos discípulos que estaban en camino hacia Emaús. Ella es parte de una historia aún más amplia en los versos 33 al 35, de cómo los discípulos de Jesús llegaron a la fe en la resurrección. Jesús padeció y resucitó de acuerdo con sus propias palabras. Se debe creer a las promesas del Señor (Lucas 24:13,35).

Sin embargo, los dos se fueron de Jerusalén porque ya no tenían nada que buscar allí. Para ellos, Jesús ha muerto y con ello se ha puesto fin a sus expectativas. Caminaron hacia Emaús, unos once kilómetros de Jerusalén. Uno de ellos, el que se llamaba Cleofás, derivación de «Cleopatros», podría parecer que fuere el mismo que se describe en Juan 19:25.

Mientras caminaban y discutían entre sí el acontecimiento en los pasados días, seguramente lo de las noticias de las mujeres, entonces se asomó en el camino Jesús mismo, andando al lado con ellos, caminando cual forastero en Jerusalén.

Nótese que Jesús ahora no se revela. Al contrario, Dios cierra los ojos de los discípulos para que no puedan reconocer físicamente a Jesús y solo viesen a un forastero de paso. Él toma ese tiempo para ministrar, les pastorea haciéndoles preguntas de por qué se encuentran tan tristes.

Se asombran muchísimo. Todos saben lo que ha sucedido y todos hablan de ello. Entonces, preguntan: *«¿Eres tú el único forastero en Jerusalén que no ha sabido las cosas que en ella han acontecido en estos días?»*. Como buen Pastor, Jesús les deja hablar desde su incredulidad y derramar su corazón ante Él. Ellos tratan a Jesús como un forastero ajeno al asunto. En cambio, Él, hablando como profeta, quien actuaba al mismo tiempo como consolador.

Hablan de su muerte por parte de los líderes fariseos, quienes terminaron con la esperanza de que Jesús redimiera a su pueblo hebreo. Sin embargo, la esperanza ha desaparecido y hay que asumirla, pues ya era el tercer día desde que esto había acontecido, es decir, la esperanza se desvaneció, tal así que, para la tradición judía, el cuarto día era el momento cuando el alma salía del cuerpo.

En estos dos caminantes, al parecer, que no hay memoria, al menos un rasgo de recuerdo, de las palabras de Jesús, no están concernientes en relación con la resurrección. Su actitud nos indica que no, ya que solo pueden comentar que unas mujeres fueron a la tumba, pero sin encontrar el cuerpo de Jesús en ella.

Todavía Jesús no revela su identidad, sino que procede con algo aún más importante. Un día no estará más aquí en la tierra y su pueblo igual debe creer. Por lo tanto, antes de revelarse pone un fundamento firme bajo la fe de ellos, mostrando que su resurrección se basa en las Escrituras. Les reprocha insensatez y lentitud en cuanto a su fe en la enseñanza de las Escrituras, en todo lo concerniente al sufrimiento y la gloria del Mesías.

Les hace ver que era el deber del Mesías sufrir y morir antes de llegar a su gloria. Esta era la voluntad de Dios con respecto a adquirir la salvación para su pueblo. Aunque no creen de inmediato si deben reconocer después (v.32) que su corazón ardía mientras Jesús hablaba, por lo menos, algo de su esperanza perdida comenzaba a recuperarse. Además, Jesús los prueba actuando como si quisiera irse, pero lo detienen pidiéndole que se quede con ellos. Allí en la casa, el Señor nuevamente toma la iniciativa, bendiciendo y partiendo el pan; solo ahora el velo de sus ojos les es quitado.

Inmediatamente le reconocen como Jesús, su Señor; comprenden que es él en verdad. No obstante, cuando el velo es quitado, Jesús se va, mientras que teniendo el velo estaba con ellos. El momento tan breve de su revelación es solo una añadidura y una referencia a su ascensión, en la cual se irá definitivamente hasta su retorno.

Ahora bien, en el siguiente pasaje, comprendida en el capítulo de Lucas 24: 36,53, Jesús se aparece a todos sus discípulos saludándoles con la paz que está en Él. La reacción es muy extraña: estaban hablando, aparentemente con gozo y fe de la aparición de Jesús a Simón y a los dos de Emaús, cuando de pronto el Señor se aparece ante ellos. Mas ahora no pueden creer que Jesús ha resucitado, sino que creen estar viendo a un espíritu. Se apodera el temor sobre ellos porque, pese a las apariciones anteriores, no dan crédito en la resurrección física.

Se ve, entonces, de manera trasparente, que la historia de la resurrección no es un invento de los apóstoles. Ellos mismos tenían que ser convencidos por Jesús de la verdad de su resurrección tanto al palpar como al ver sus manos y pies, que aún llevaban las cicatrices de su sufrimiento. Además de esto, aunque su temor ya se había convertido en gozo, les pidió algo de comer, ya que aún les era difícil aceptar que era el mismo Jesús, ahora resucitado.

Era perseverante la incredulidad de los discípulos que buscaron alimento para que Jesús comiera. Jesús tenía que quitarles el estorbo que les dificultaba entender las Escrituras. Ahora les abre el entendimiento para que comprendan de una vez y por todas lo que dicen las Escrituras acerca del sufrimiento del Mesías.

Conforme a la Palabra, así se manifestó la voluntad de Dios. Fue necesario para que en esta medida se absolviera nuestra culpa, de modo que tuvo que acontecer de manera inefable que el Hijo Amado por Dios padeciera y resucitara de entre los muertos y al tercer día.

Es oportuno como una interrogante preguntarse de por qué Jesús abre solo ahora su entendimiento y no antes. Pues diríamos que hay dos motivos. Debemos dar por sentado que nadie entiende el evangelio por sí mismo. Todos, sin excepción, necesitamos la iluminación del Espíritu Santo. Por otra parte, Jesús lo hizo únicamente después de la resurrección, debido a tener que sufrir todo y solo sin la participación de nadie.

Esa fue la absoluta disposición divina del Padre. La única forma, no hubo otra de obtener nuestra salvación, que el Cordero Santo y Puro sea sacrificado, es decir, que Jesús muriese y resucitase. El versículo 47 muestra que, así mismo, es la voluntad de Dios para nuestra salvación. Lo que proviene de la palabra voluntad se entiende como: era necesario para que se predicase el evangelio en todo el mundo. Los elementos básicos del evangelio son siempre el arrepentimiento y el perdón de nuestros pecados.

Lo que Juan el Bautista predicaba (ver Lucas 3) se hizo realidad en Jesús. Por medio de su sacrificio hay perdón. El camino para adquirir este perdón es volver a Dios con un corazón contrito, pidiéndole perdón y despojándonos de toda maldad. Todo el mundo se apartó de Dios, pero en Jesús, Dios extiende su mano a todos los pueblos y naciones, de manera que se tenga posibilidad de entrar en una nueva relación con el Santo Padre.

Primeramente, el inicio debe ser en Jerusalén, la capital del pueblo de su pacto. Nadie puede cortar esta relación que Dios tiene con su pueblo. Por ser testigos oculares del Jesús resucitado, ellos son los más aplicables que cualquiera. Pese a ello, aún no estaban lo suficientemente capacitados hasta que llegara el Espíritu Santo, «la promesa de mi Padre», el poder de lo Alto.

Es entonces el Espíritu de Cristo quien les concedería fuerza, valentía y autoridad, para predicar. En el versículo 50, Lucas habla de la ascensión de Cristo. Sin embargo, lo relata de tal forma que es continuación de lo anterior. Es decir, Lucas quiere mostrar que la orden de predicar el evangelio por el poder del Espíritu Santo es a la vez una promesa, pues, en su ascensión, les está bendiciendo, dándoles la seguridad de que cumplirá su promesa antes expuesta.

Por lo cual, los discípulos no tienen por qué sentirse tristes ni desanimados, sino gozosos. En breve, Jesús volverá aún no físicamente, pero sí en el poder de su Espíritu, motivo suficiente para esperar y adorarlo en su casa de oración, el templo o su iglesia.

La resurrección de Jesús fue una sorpresa inesperada para sus discípulos. A las mujeres les llama la atención que la piedra que guardaba la entrada había sido removida, sin embargo, más intrigante fue el hecho de que no encontraron el cuerpo de Jesús en el lugar en donde debería haber estado.

A pesar de esto, no pueden interpretar los sucesos a la luz de las palabras de Jesús, solo las recuerdan cuando los ángeles las traen a la memoria. La resurrección no debió haber sido una sorpresa, sino la espera consciente del cumplimiento de lo dicho por Jesús.

Pero nosotros hubiéramos hecho lo mismo, pues, aunque creemos en un Dios poderoso, a veces actuamos como si no conociésemos la fidelidad de su Palabra.

Lo mismo para el predicador y receptor. Necesitan ambos la oración solicitando la luz de Dios para conocer el porqué de la necesidad del sacrificio de Jesús y la certeza de su resurrección como garantía de nuestra vida eterna. Por un lado, son nuestros pecados los que hicieron necesario que Jesús muriera. Por el otro, la bondad y la voluntad del Padre, que en su gracia optó por este camino tan doloroso para su Hijo Jesús.

No andamos por vista, sino por fe. Esto debe ser suficiente. Por eso, Jesús, antes de revelarse, les enseñó a los suyos el fundamento escritural de la resurrección. A nosotros nos gusta sentir seguridad a través de lo que vemos, y quisiéramos ver en forma visible muchas cosas acerca del reino de Dios, pero esto está reservado para el día cuando Cristo se manifieste. Mientras tanto, dependemos del Señor para seguir caminando en esta vida de fe.

Meditemos cada día más en la Palabra y encontraremos en ella el alimento que necesitamos para fortalecer la fe en Jesús. El mensaje y mandato de Jesús de predicar el evangelio en todas las naciones es parte de la voluntad de Dios para nuestra salvación. Esto implica una doble responsabilidad. Primero, de parte de la Iglesia: Dios quiere que prediquemos el evangelio, ya que, si no lo hacemos, la gente no conocerá el camino de la salvación.

Luego, de parte de los oyentes: la predicación no es un consejo humano, sino un mensaje divino. Sin la predicación, seguiríamos viviendo en las tinieblas.

Gracias a Dios, la Iglesia, aunque no siempre, ha obedecido al mandato de Cristo. ¡Debemos obedecerlo! A fin y al cabo, es un mandato. Sin este poder nuestra predicación sería una actividad meramente humana.

¡Busquemos siempre el ser llenos del Espíritu de Dios para que nuestro ministerio sea eficaz! El poder del Espíritu Santo es imprescindible para la predicación del evangelio.

Apéndice

LLENOS DE GOZO Y VERDAD

En aquel momento Jesús se estremeció de gozo,
movido por el Espíritu Santo, y dijo:
«Te alabo, Padre, Señor del cielo y de la tierra,
por haber ocultado estas cosas a los sabios
y a los prudentes y haberlas revelado a los pequeños.
Sí, Padre, porque así lo has querido».

(Lucas 10:21)

L La emotiva y hermosa narración que se percibe en la lectura del Evangelio de Lucas se derrama en abundancia de gozo, alabanza y verdad a Dios. El autor, calificado como un querido médico, nunca conoció a los personajes de su historia, pero sí supo registrar sus acciones y sentimientos dentro de un ámbito conmovedor.

Indagó y entrevistó a los protagonistas, que en aquel entonces vivían, registrando todo sobre los acontecimientos, ahora recapitulados en su evangelio. Lucas tuvo una vida ejemplar que se refleja como testimonio, acompañando y siempre atendiendo a su mentor y paciente, el Apóstol Pablo. Sus descripciones nos llegan en este evangelio con sencillez y sensibilidad. Solo puedo expresar: ¡Qué médico tan extraordinario el doctor Lucas! Aprendió la doctrina Paulina, la puso en práctica, escuchó sus discursos exhortadores entendiendo así, su razón teológica.

Pese a ello, Lucas también comprendió el valor de unir la razón con la emoción, de cambiar el raciocinio a una convicción del corazón. Esto lo hizo contando las historias con detalles de ternura y emoción. De los cuatro evangelistas, Lucas es el que más habla sobre el gozo.

En el recorrido de su evangelio, nos ponemos de frente a tres enfáticas menciones donde Lucas nos trae a la memoria que su carta es una de gozo y alabanza y llena de verdad. No obstante, nos menciona gozo, regocijo y alegría en otras ocasiones, pero, en especial, enfatiza el gozo por la llegada de Cristo, el gozo de la salvación y el gozo del Espíritu Santo para Cristo como para sus discípulos.

A menudo, nuestra existencia está señalada por lo que se considera el éxito del mundo, interpretado como una conclusión feliz, sea título, estudios, posición social. Lo que interprete un profesional, doctor o maestría, con tal de portar un certificado, se lo creemos, y deducimos que es inteligente, estudiado y entendido.

Conceptuamos como regular que en el trabajo o en los negocios sean mejor considerados. Es así cómo nos dejamos influir por una manera de pensar que solo valora el bien material, interpretado en dinero, posición, títulos y, frente a ellos, inconscientemente nos sometemos. En nuestra sociedad, un título es la oportunidad para obtener remuneración económica, pero no así para el servicio de cristiandad.

Vivimos en un mundo en que no se le da igual importancia a lo aprendido en la vida que a lo aprendido académicamente; por decir, en un mundo que valora las apariencias sin subestimar, pero, en verdad, no equivale su valor para el evangelio.

Valoremos bien el texto de Lucas. En él se nos muestra a Jesús en un éxtasis de gozo por el éxito de la misión de los setenta y dos. Retornando ellos, participan con Él su experiencia misionera. El motivo del gozo de Jesús es la satisfacción de los amigos, de modo que agradece a Dios por la manera de cómo el plan del Padre celestial opera entre la gente sencilla que descubre que es capaz de transformar las cosas.

Este momento revela el fondo del corazón de Jesús. Al escuchar la experiencia de sus discípulos y al percibir su alegría, Jesús también se siente feliz. La suya no es una alegría superficial, viene del Espíritu Santo.

Conozco una historia semejante de un amigo y hermano en la fe, el pastor Raúl Antonio Montoya, que reside en el municipio de Carepa. Él es oriundo de Medellín, departamento de

Antioquia, en Colombia. Su ministerio misionero se expande por lugares rurales.

Lleva su ministración en una motocicleta bajo el sol, a veces en lluvia; atraviesa ríos, caminos pedregosos, recorre valles y montañas. No importan las condiciones climáticas; allí está él, portando el evangelio, cual bandera que flamea contra el viento, en pos de ganar almas para Cristo. Así de ardiente lleva su corazón con el gozo de servir y glorificar a su Señor.

No tiene títulos académicos ni posición social, tampoco comodidades materiales que lo posicionen entre gente de sociedad o como un profesional en los medios públicos. Solo aplica de manera misionera la base doctrinal teológica, la misma que enseñó Jesucristo. El motivo de vivir y de su satisfacción es Jesús. Esto lo comparte con sus amigos, pero su prioridad es dar a conocer las Buenas Nuevas a aquellos que aún no la conocen. Cuánto de aprender de este sencillo varón de Dios. Me honra ser su amigo.

Cuando Jesús menciona a los sabios, está refiriéndose a los fariseos y a los escribas, que eran los intérpretes de la ley, y cuando habla de los prudentes, son aquellos que eran instruidos por los escribas. Así mismo, llama pequeños o párvulos a sus discípulos, porque los eligió no de entre los doctores de la ley, sino de entre la gente del pueblo y los pescadores.

Es para reflexionar el hecho de que, al transcurrir milenios de historia sagrada, los personajes que Dios ha elegido para transmitir a la humanidad su mensaje hayan sido por lo general gentes sencillas y con poca instrucción o ninguna. En muchos casos eran apocados o tímidos, también mujeres virtuosas, aunque a simple vista débiles. La sencillez y humildad conquista y subyuga a Dios. Él se enamora de las almas simples.

Jesús parte de lo que nadie aprecia y de lo que no se valora. Son personas que han dado el salto de calidad humana, que les permite valorarse y valorar a los demás como seres humanos, con lo que Jesús nos demuestra que el valor verdadero está en la persona misma y no en la posición que se logra en la vida.

En cuanto al gozo o éxtasis de felicidad, es la segunda característica del fruto del Espíritu que aparece en Gálatas 5:22,23. *En cambio, el fruto del Espíritu es amor, gozo…,* y en este versículo, la palabra que se traduce como gozo proviene del griego: χαρά *(jará)*, el cual describe un estado de constante alegría y felicidad que se produce de una experiencia espiritual.

Esto no implica al contentamiento que nos producen las cosas materiales o los placeres de este mundo; ofrece, más bien, el gozo en el cristiano, que es el resultado de la obra redentora que Cristo ha ejercido sobre cada uno de nosotros cuando estábamos perdidos en delitos y pecados.

Es el resultado de experimentar la liberación de nuestras cargas y disfrutar de su misericordia y, por ello, el gozo es un sentimiento de origen espiritual que se mantiene perenne en todo tiempo cuando nuestra comunión con Cristo no se separa. Por ello, las Escrituras nos dicen: *«Estad siempre gozosos».* (1 Tesalonicenses 5:16).

Esta característica del carácter cristiano es de suma importancia; de hecho, es parte de la vida cristiana:

> *Porque el reino de Dios no es comida ni bebida, sino justicia, paz y gozo «jará, χαρά» en el Espíritu Santo,* (Romanos 14:17).

De manera, y en eso debemos estar de acuerdo, que el gozo es un fruto del espíritu que se espera que siempre esté presente a lo largo de toda nuestra vida. El apóstol Pablo repetía con ímpetu: *«Regocijaos en el Señor siempre. Otra vez digo: ¡Regocijaos!».*

De otra manera sería: *«¡Vivan con alegría su vida cristiana! Lo he dicho y lo repito: ¡Vivan con alegría su vida cristiana!».* (Filipenses 4:4). Sin embargo, la pregunta importuna: ¿cómo mantener el gozo, aun en medio de las dificultades más grandes de la vida cristiana? Veamos lo que la Biblia nos enseña en cuanto a este tema.

¿Dónde radica el gozo? Sin duda, la fuente es la llenura del Espíritu Santo en nosotros en gustar su amor y misericordias en nuestras vidas, lo cual nos mantiene llenos de su presencia de tal forma que, aun en medio de la prueba, llamemos así a las adversidades, podamos encontrar un alivio para nuestras almas. Ese gozo es el antídoto indescriptible que nos da seguridad que Dios está con nosotros.

A través de sus relatos, Lucas constantemente señala y ejemplariza que la vida cristiana rebosa de alegría y gozo. Hay gozo para aquellos que escuchan la palabra de Dios y la cumplen. *Y él dijo: «Antes bienaventurados los que oyen la palabra de Dios y la guardan».* (Lucas 11:28).

Sí. Para el creyente habrá dificultades y sufrirá adversidades, pero para el siervo fiel habrá gran gozo en el día de la venida de su Señor, cuando Él mismo le servirá, les partirá el pan y recompensará.

Bienaventurados aquellos siervos a los cuales su Señor, cuando venga, halle velando; de cierto os digo que se ceñirá y hará que se sienten a la mesa, y vendrá a servirles. (Lucas 12:37).

A final de este recorrido, adjunto mis agradecimientos por haber tomado el tiempo y acompañado en esta lectura, pues deseo dejarles un pensamiento para que siempre lo lleven consigo, que la única preocupación sea agradar a Dios, porque Él no solo bendice, sino Él hará de cada uno una bendición, de modo que puedan alcanzar a otros. ¡Bendiciones!

NOTAS Y REFERENCIAS

- Las referencias y citas bíblicas se tomaron de la Santa Biblia. Versión Reina-Valera 1969 © por la Sociedad Bíblica en América Latina.
- Preparación para Pascua. C.S. Lewis © 2017.
- Victoria en la Cruz. Joseph Danschin © 2018.
- Crecimiento en la Vida Cristiana. Editorial Doulos. © 2002.
- Estudio Bíblico Inductivo de Lucas. Buenas Noticias © 2010
- Ministerio de Turismo Israel / Fundación Emaús.org
- Gracia Venidera. John Pipper Editorial Vida © 2006.
- Los Caminantes de Emaús. Ángel Áranguiz López Prédica: Iglesia La Gloria de Dios / Chile, 2016.
- Crucifixión y Resurrección de Jesucristo.
- Jesús Días / evangelista en Jordania
- Sermón: iglesia La Gloria de Dios, Hialeah (Florida), 2018

CITAS BÍBLICAS

Introducción
1. Lucas 1: 2,3
2. Timoteo 4:11
3. Lucas 24:13,33
4. Lucas 24:22,24
5. Mateo 27:62,63

Forastero en Jerusalén
1. Lucas 24:13
2. Lucas 24: 6,7,8

Dos Discípulos
1. Lucas 24:13,
2. Lucas 24:14

Jesús Resucitado
1. Juan 11:25,26
2. Tesalonicenses 4:13,18
3. Corintios 15:14,20
4. Colosenses 15: 42,44

Forastero en Jerusalén

5. Hechos 17: 30,31
6. Juan 11: 25,2

El Encuentro
1. Lucas 24:15
2. Lucas 24: 25,26,27
3. Lucas 24: 29,30
4. Lucas 24: 31,32
5. Mateo 28:20

Somos Caminantes
1. Juan 8:12
2. Lucas 24: 13,35
3. Efesios 1:7
4. Mateo 28:19,20

Volver a la Pasión
1. Mateo 11:27
2. Lucas 24:13,35
3. Lucas 24:32
4. Lucas 24:13,35
5. Marcos 16:12
6. Lucas 24:5,6
7. Lucas 24:13
8. Lucas 24:52,53
9. Lucas 24: 49
10. Hechos 1:4
11. Lucas 24:33
12. Romanos 8:28
13. Marcos 8:34
14. Mateo 7:9

15. Isaías 60:1

Arde el Corazón
 1. Lucas 24:32
 2. Juan 3:16
 3. Efesios 1:3
 4. Génesis 18:1,15
 5. Lucas 24:33,35
 6. Apocalipsis 3:20

Paz a Vosotros
 1. Lucas 24:33,36
 2. Lucas 18:31,33
 3. Lucas 24:36,37,41
 4. Marcos 10:33
 5. Mateo 26:56
 6. Hechos 4:12
 7. Hechos 2:32
 8. Hebreos 13:8
 9. Juan 14:1
 10. Juan 20:27

Incredulidad y Fe
 1. Juan 20:25
 2. Juan 11:16
 3. Juan 14:15,6
 4. Juan 20:25, 27,29
 5. Hebreos 11:1
 6. Romanos 1:17
 7. Romanos 15:13

8. Mateos 28:18

Fidelidad
1. Lucas 13:22,23,24
2. Mateo 7:24,25
3. Salmo 36:5
4. Números 23:19
5. Lamentaciones 3:22,23
6. Génesis 8:22
7. Éxodo 12:41
8. Gálatas 4:4
9. Hebreos 10:23
10. Isaías 50:10
11. Juan 14:5,8
12. Juan 13:7! Pedro 4:19

Integridad
1. Lucas 13:22,23,24
2. Josué 24:4
3. Mateo 5:13,14
4. Isaías 60:1
5. Lucas 23:25
6. Salmo 15:1,5

Epílogo
1. Lucas 23:47
2. Isaías 53:9
3. Lucas 23:41,43
4. Mateo 18:16
5. Deuteronomio 19:15
6. Lucas 24:7

7. Lucas 9:22
8. Lucas 18:3,33
9. Lucas 24:13,35
10. Juan 19:25

Apéndice
1. Lucas 10:21
2. Tesaloniceses 5:16
3. Romanos 14:7
4. Filipenses 4:4
5. Lucas 11:28
6. Lucas 12:37

ACERCA DEL AUTOR

Joseph Danschin es maestro de Teología, autor de varios libros, artículos y documentales enfocados en temas teológicos, evangélicos y confesionales a las Escrituras, que promueven la fe y que aluden al crecimiento espiritual.

En el presente es miembro en las Asambleas de Dios en la Iglesia Cristiana La Gloria de Dios Internacional, en la ciudad de Hialeah, Florida.

Cuenta en su haber obras tales como: *Con Dios en mi Corazón; Para vivir sabiamente; Transformados por su Luz; Llenos del Espíritu Santo; Llenos de Gracia y Verdad; Propiedad de Cristo, Conexión Divina; Victoria en la Cruz,* y la reciente obra: *Forastero en Jerusalén.*

Por medio de este nuevo volumen, el autor describe una impactante historia, pero, por encima de ella, presenta un poderoso mensaje conllevado en el compendio del NT, pero delineado con el talento narrativo del apóstol Lucas en su evangelio.

Forastero en Jerusalén recopila lo que Lucas escribió acerca de las referencias de Jesús a las Sagradas Escrituras para demostrar su muerte y resurrección.

El escenario se desenvuelve entre dos discípulos, Cleofás y otro, que no fueron capaces de reconocer en primera instancia a Jesús cuando lo encuentran en el camino a Emaús.

A veces, en el caminar la vida cristiana marcamos los pasos camino a Emaús. Entonces podemos aplicarnos la experiencia cuando descartamos a personas que parecen demasiado extrañas que se miran como extranjeros, que son demasiado diferentes. ¿Cómo podemos estar seguros de que no hemos ignorado a Dios, al Dios que siempre nos está sorprendiendo pese a semejarse a un forastero en Jerusalén?

OBRAS DEL AUTOR

- *Con Dios en mi Corazón*
- *Para Vivir Sabiamente*
- *Transformados por Su Luz*
- *Llenos del Espíritu Santo*
- *Llenos de Gracia y Verdad*
- *Propiedad de Cristo*
- *Conexión Divina*
- *Victoria en la Cruz*
- *Forastero en Jerusalén*

COMENTARIO
A PARTIR DEL LIBRO

A medida que recorría las páginas de este libro por medio de la lectura, el Señor me iba mostrando lo infinito que es su amor.

Me mostró mi vida en retrospección y pude reflexionar sobre cada evento o acciones de las cuales fui partícipe, acciones donde ofendí la santidad de mi Padre Celestial, acciones opuestas a su voluntad, opuestas a cómo Él me veía en su amor y muy distantes al propósito que Él tenía para mi vida.

La lectura de este libro me llevó, una vez más, a ver la verdad de su resurrección y de que Él vive. Me llevó a concientizarme todas las veces que Dios ha salido a mi encuentro, pude ver que Él no se cansa de amarnos, de rescatarnos, de tomarnos una y otra vez de la mano y guiarnos al camino justo.

¡Cuán misericordioso es Dios!

Recordé con detalle las veces que he estado en el camino a Emaús, y cómo mi amado Jesús me ha salido al encuentro. En ocasiones me pasó como a Cleofás y su compañero de viaje, no identificaba que era mi Señor revelándose a mi vida, que era mi Señor guiándome a mi propósito, que era mi Señor mostrándome la senda que debía caminar, pero, luego, entendí que mis ojos han sido abiertos una y otra vez en el transcurso de mi vida.

Por medio de esta lectura he sido consciente del inmenso amor que Dios tiene por sus hijos. Seguirá caminando ese camino a Emaús sin cansarse. Solo por amor camina al lado de alguno de sus discípulos que en ese momento está confundido, triste, sin esperanza y tal vez hasta preguntándose: «¿Y ahora qué hago? ¿Dónde estás, Señor?». Y, allí, en su preciosa misericordia, se revelará una vez más a cada uno.

Doy gracias a Dios por la vida de Joseph Danschin, porque permite ser un instrumento en las manos de Dios para llevar a cabo sus propósitos. En este libro nos relata y nos ayuda a comprender de manera amena y sencilla que nuestro amado Jesús siempre caminará a nuestro lado en medio de la confusión, para mostrarnos la verdad.

¡Gracias, siervo de Dios!

Yanira Montanari, sierva de Jesucristo y, por su Gracia,
editora de Renacer, la Revista Cristiana
Florida, USA

www.ingramcontent.com/pod-product-compliance
Lightning Source LLC
Chambersburg PA
CBHW031339040426
42443CB00006B/395